街直し屋

まちとひとを再生させる仕事

リパブリック・イニシアティブ 編

古谷誠章
牧村真史　赤池学　石川勝
鴨志田由貴　下川一哉　高宮知数
槻橋修　馬場正尊　宮本倫明

晶文社

装丁　岩瀬聡
本文デザイン　佐伯亮介

出版にあたって

二十一世紀を迎えてすでに六分の一世紀が過ぎた。二十世紀後半、第二次大戦後の高度成長、二度のベビーブームを経てわが国の人口は増大したが、今はすでに人口の純減時代に入り、急速に減少へと向かっている。東京への一極集中にはますます拍車がかかり、反面、地方では極端な少子高齢化が進行し、過疎化に歯止めがかからない。そんな折りに次々に未曾有の自然災害が発生し、今なお復興の道筋に終わりが見えない。しかも今にもさらなる大災害に見舞われないとも限らない状況が続いている。

しかし、そんななかにも一筋の光明が射している。かつての官と民、公と民の関係から、市民の一人ひとりが主体的に今日の社会を支える担い手となり、未来に向かう新たな市民文化の創り手となりつつある。それはかえって大きな組織や大きな行政のなかより、もっと人と人の顔が見え、小回りのきく、手頃な大きさのコミュニティのなかに芽生え、次第に大きな人の繋がりを生んでいる。今日の発達した情報通信手段や、国土に行き届きつつある飛躍的に高速化した現代の物流・交通手段が、それらを大いに後押ししている。

やはり私たちは「都市」を必要としている。人が出会い、交流し、学び、それを仕事に結びつけるために都市が機能している。しかし同時に、人々の衣食住を支える、田畑や海や山林などの豊かな地域がなければ、私たちの生活は基盤そのものが危ういものとなってしまう。都市と地域を再び結び、そのいずれにも人々が生き生きと暮らすために、現代社会の「パブリック」を問い、再構築することが肝要だと考える。「街直し」とはそんな試みであり、著者であるリパブリック・イニシアティブという研究会が提言しようとするのは、そんな試みに取り組み、行動しようとする人々にとってのアイディアと情報の提供である。

古谷誠章

Contents

第2章

都市型再生

「街直し屋」の視座

コミュニティ崩壊の危機感

地方の衰退が止まらない。

大都市への一極集中が進み、東京など大都市圏では真新しいビルが次々と建設されている一方で、地方ではシャッター商店街や駅前商業施設の閉店など中心市街地の衰退が止まらず、依然として強い閉塞感に包まれている。人口減少、高齢化といった「静かなる有事」は留まることなく、私たちはこれからもこの困難と戦い続けなければならない。このまま地方の過疎化が続けば、やがてインフラや公共サービスの維持すら困難な状況に追い込まれるだろう。子どもたちの世代に与える負のインパクトを可能な限り減らすために、今できることをするのが我々世代に課せられた責務なのだ。

そもそも地方衰退の問題の本質は何なのか。

かつて賑わいを見せていた駅前広場や昔ながらの商店街から人の姿が消えた風景は確かに哀愁を誘うが、商店街がなくとも郊外の大型商業施設やインターネットショッピングによって多くの人が買い物に困ることはない。慣れ親しんだ建物が取り壊されてコインパーキングに変わり果てた姿は、大切な思い出の品をなくしてしまったような喪失感はあるものの、街中で車を止める場所が増えてむしろ利便性が高まる面もある。こうした変化は時代の移り変わりが招いた一つの帰結として冷静に受け止めるべきなのかもしれない。しかし、それでも何か心に強い違和感が残る。単なるノスタルジーとは違う危惧のようなものが心の中に確かに存在するのだ。

それは、中心市街地の衰退が招くコミュニティの崩壊への恐れなのではないだろうか。

歴史上、人のコミュニティには必ず「中心」が存在してきた。古代では祭場や神殿が、江戸期の長屋では井戸端が、現代の都市では駅前がそれにあたる。コミュニティはそうした中心を自らのコミュニティのシンボルとして共有し、周辺に住居や道路などを整備しながら都市を築いてきた。都市においてこうした中心を失うことはコミュニティの心理的繋がりや機能的結びつきを喪失させ、社会の不安定化を招く。隣人との信頼関係に基づいた治安、一定規模の住民でコストを負担し合うことで維持されているインフラ、世代間の交流によって受け継がれてきた地域の歴史や文化、こうしたものが安定して続いていくためには、コミュニティが健全に維持されていることが重要なのである。たとえその街の人口が減っていなくとも、街の中心から人がいなくなるとコミュニティが衰退したように感じるのは、街の中心がコミュニティのシンボルとして心理的に強く作用するためと思われる。中心市街地が機能を失うということは、地域の繋がりを崩壊させる重大事なのだ。

では、どうすれば良いのか。

注意すべきなのは、中心市街地の再生と商店街の再生は必ずしも同義ではないということだ。

商店街は「商業」という機能を合理化させるために生まれた都市装置である。魚屋さんと八百屋さんが離れていては毎日の買い物に支障が出る。消費者は品質や金額に大きな差違が見つからない限り、できる限り近くの店を選びたがる。そうして住宅街や他の店から離れた場所の商店は次第に淘汰され、一ヵ所に集積が進んで商店街が形成されてきたのである。しかし、現代ではモータリゼーションの発達によって、たとえ距離が離れていても、買い物以外の楽しみもたくさん享受できる郊外の大型商業施設に足を運ぶことができる。あるいは、パソコンやスマートフォンで欲しいものを注文し、信じられないスピードで配達してくれるインターネットショッピングを自宅に居ながらにして行うことができる。商店街にはこうした利便性はなく、消費者を引き寄せる力を失ってしまったのである。こうした現実を無視して、昔ながらの商店街の姿を回復させることを追い求めても、望むべき結果を得ることはできない。

ならば商店街を郊外の大型商業施設に負けない規模の商業施設にリニューアルすればいいのではないかと考える人もいるだろう。確かに、それも一つの解決策かもしれない。しかし、現実にはそれほど単純に解決できるものではない。

人が集まる場所として捉え直す

商店街はそこに暮らす人がいて、そうした人たちの個人の財産によって形成された場所である。大型商業施設に建て替えるには商店主たちが大きな投資費用を負担しなければならない。補助金などを活用して負担を減らすことも可能であるが、個人として大きな債務を負わなければならないことに変わりはない。さらに商店主全員の同意も必要であり、もし一人でも反対者が現れれば、強制的に進めることは極めて困難だ。中心市街地の再生のためという大きな目的があっても、そこに暮らす個人に大きな負担や犠牲を強いる方法には無理がある。

さらに言えば、商店街が郊外の大型店やインターネットショッピングに対する競争力を失ったからといって、それらに負けない強い競争力をもてば挽回できるという理屈は、地域の商店街という流通業態の特性を無視したものである。地域の商店街の本来の強みは地域住民との繋がりと商品に対する目利きや知識であった。対面販売による日常的な会話を通して生鮮品の品質、最適な調達方法などのプロとしての商品の知識や技術が個店と顧客との関係を築き、いわば商店街の一つひとつの店舗がコミュニティを生み出し、地域の中心として商店街に人々が集まっていた。

中心市街地の再生は、商業機能の回復にばかり目を奪われず、人が集まる場所としてどう再生するかを追求することが重要なのだ。本書の筆者たちで構成するリパブリック・イニシアティブでは、こ

[提言] 公園①

利益を生む公園へ。
物販で得た利益を公園に還元してみる。

公園内の清掃や管理を義務づけることで、小さな物販店の営業を許可する。上がった利益の一部は公園に還元し、維持費などにあてることができる。

れまでその具体的な方法を提言してきた。

都市において商業施設以外に人が集まる場所と言えば、学校、役所、病院、公園、駅、オフィスなどが挙げられる。こうした施設の配置を見直してみることで中心市街地の問題を解決できるかもしれない。人口減少や高齢化によって地域住民の利用ニーズも変化し、併せて都市インフラや公共施設や文化施設等の老朽化が進み、地方都市の新たな課題となっている。こうしたタイミングを捉えて、都

[提言] 公園②

夜の公園に別の顔をもたせてみる。

暗さを利用したナイトシアター、夏は小さなビアガーデンなど。眠っていた夜の公園を呼び覚ます。

市の適正規模を見直して施設の立地を変えてみたり、例えば市役所とコミュニティ空間、保育所と高齢者施設を合築させるなど、合理性が生まれる統合の方法を探ってみるのも有効だ。日本の多くの都市が高度成長期に整備され、公共施設も人口増加に合わせて配置されているのだから、そのままの立地では人口減少の今の時代に不具合が出てくるのは当然である。公共施設の配置や機能を見直すことで中心市街地に新たな人の集積を生み出し、賑わいや交流人口を創出することが可能だ。

さらに、街の中心に都市公園があれば大きなチャンスとなる。都市公園はこれまでの法改正によって従来の建ぺい率が大幅に緩和され、設置管理許可制度を組み合わせることで、民間企業がカフェや美術館などの施設を公園内に設置することが可能となり、また2016年の公園法改正により施設設置期間が大幅に延長され、民間の投資参画がしやすくなる。パリやロンドン、ニューヨークのように、公園でビジネスマンやファミリーがくつろぐ風景を日本でも生み出すことができるのだ。芝生を眺めるだけの都市公園はもういらない。中心市街地の賑わいの核として活用することが、都市公園のもっとも有効な使い道なのである。

人口減少をプラスと考えてみる

人が減ったことで衰退した中心市街地を、人が増えてもいないのに復興させるというのは、一見、テーゼとアンチテーゼのように矛盾した理屈のようにも見える。しかし、ジンテーゼというより高い視点からの解決法を見つけることによってこの矛盾は解消させることができる。

「昔のように」ではなく、未来志向で新たな解決策を探ることが何より重要なアプローチとなる。人口減少が必ずしも「悪」とは限らない。国土面積のほとんどを山林が占め、限られた平地で約

1億3000万人もの国民がひしめき合って暮らしていた状態から、人口が減り一人あたりの生活面積が増えて、暮らしにゆとりが生まれれば、それは間違いなく「善」だ。都市構造への転換を進めることで、人口減少によるプラス面を享受することが可能となる。中心市街地への都市機能の集積を進め、住宅地は中心市街地になるべく近い場所に再配置し、郊外は農地や公園などで利用するように都市構造を再編すれば、インフラのコスト負担は軽減し、中心市街地での商業や行政サービスの効率化が進む。公園や商店街の利用率も向上し、機能性・快適性を向上させるための投資も進む。住宅では一世帯あたりの面積が増え、子どもたちは庭で楽しく走り回ることができるようになるのだ。

これまでの都市構造のまま人口減少を迎えれば、中心市街地の衰退だけではなく、空き家の増加、インフラ負担の増大、商業や行政サービスの非効率化など連鎖的に発生するネガティブ・スパイラルに陥ってしまうだろう。地方衰退の問題に対し、中心市街地だけをクローズアップし、さらにそれをシャッター商店街の問題とすり替えることは大きな間違いなのだ。シャッター商店街を何とかしたいと、安直に商業コンサルタントに答えを求めても解決策は見つからない。商業の視点からは解決できないのだ。

新たな発想のヒントとして

地方衰退の問題を解決するには、まったく新たな視点から取り組む必要がある。そのためには発想のプロが必要である。それが「街直し屋」だ。

今回、「街直し屋」として登場する10名の著者たちは、それぞれにその職能も実績も、手がけたプロジェクトのスケールも異なっている。3人の建築家、2人のイベントプロデューサー、プランナー、マーケティングプロデューサー、プロジェクトデザイナー、ビジネスプロデューサー、そしてデザインプロデューサーかつエディターとして、実践的なものづくり、いえづくり、まちづくり、ことづくりを通じ、新しいコミュニティを形にしてきたメンバーだ。

座長を務める古谷は、建築家として日本藝術院賞、日本建築学会賞をはじめ、多くの作品を発表、建築から街づくりまで国内外で活動を展開している。馬場は、老朽化した施設や住宅に新たな価値を

[提言] 公園③

公園を地域住民の庭にしてみる。

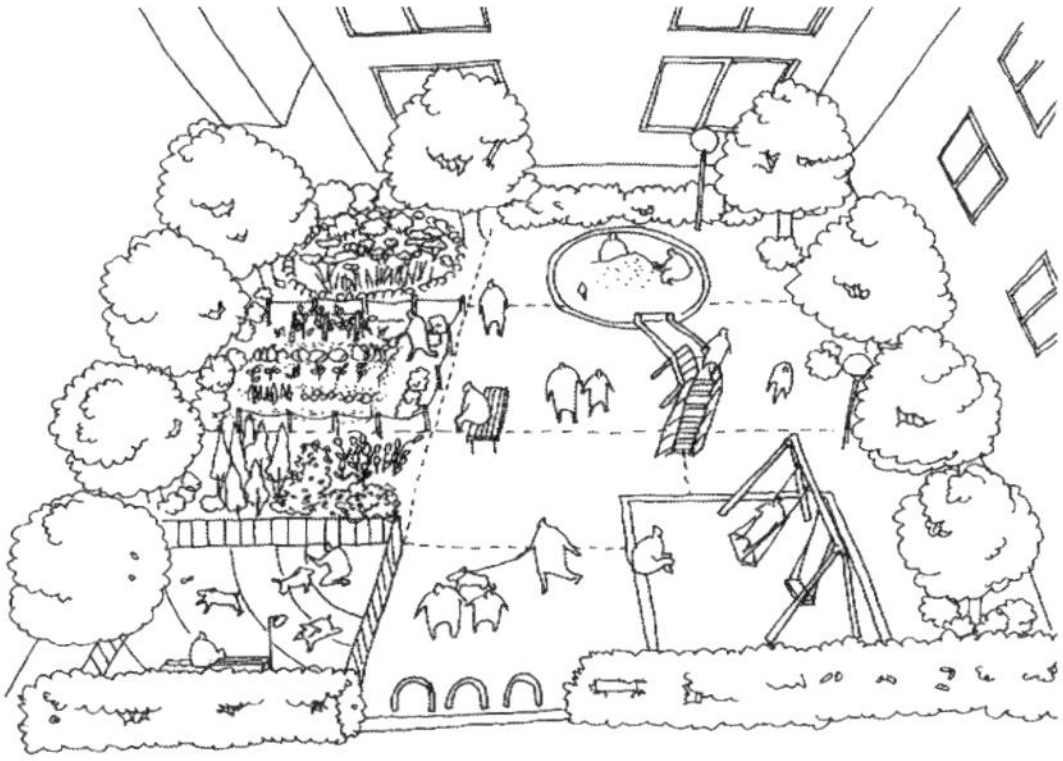

公園を小さな区画に分割し、住民のサテライトの庭のようにして管理意識をもってもらう。例えば菜園、花畑、ドッグランなど。公園に通う具体的な動機をつくる。

[提言] 公園④

児童公園と保育所を合体させてみる。

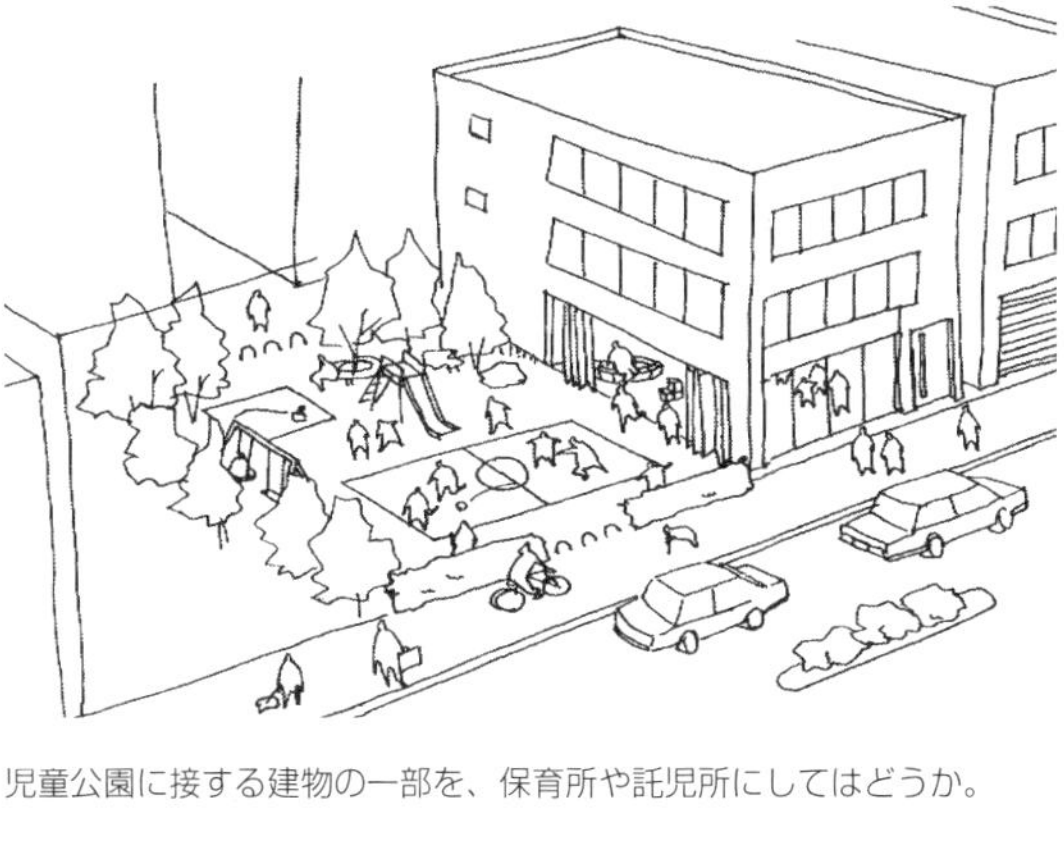

児童公園に接する建物の一部を、保育所や託児所にしてはどうか。

生み出すリノベーションを得意とし、公共空間や都市のリノベーションを提唱している。槻橋は、建築の視点から公共空間や商店街の賑わい再生へのアプローチを行い、地方再生を進めている。牧村は、博覧会や大型イベントのプロデューサーとして活動し、新たなアプローチ、手法を試みることを得意としている。宮本は、博覧会や地域創生、イベントのプロデューサーとして多面的なネットワークをもち、「場」に軸足を置く実践家である。石川は、プランナーとして商品戦略マーケティング、プロモー

［提言］商店街

商店街を共同で活用してみる。

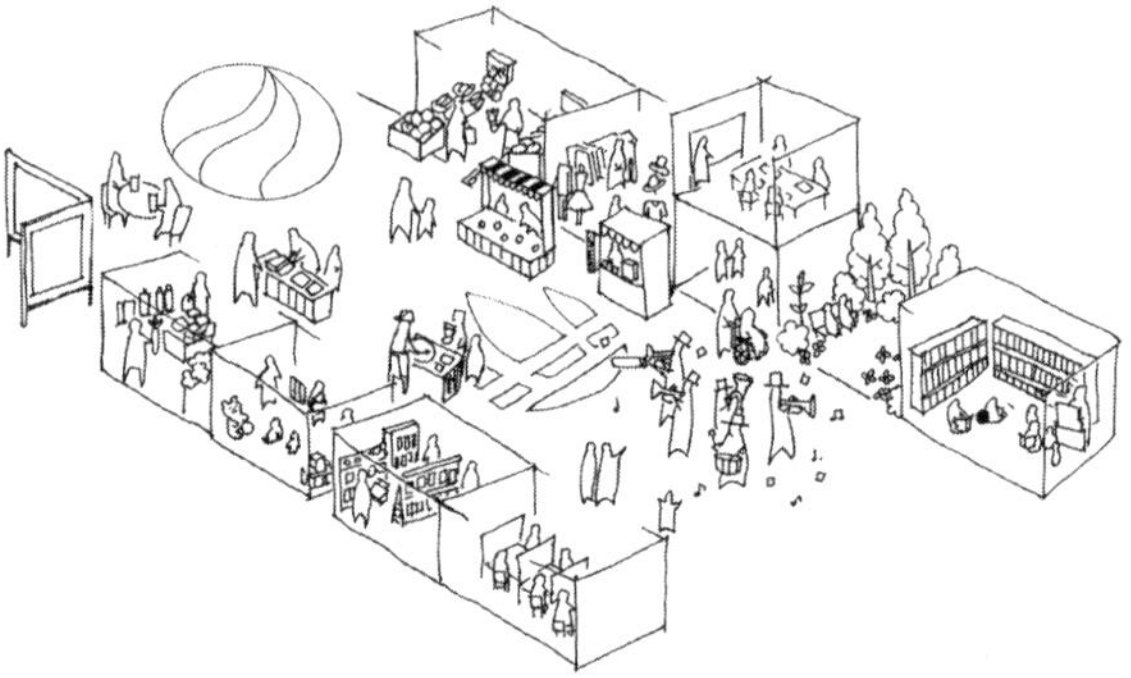

地権者や商店主、自治体が共同経営で再生する。地域特性を特化させ、行政サービスと市民施設・店舗が一体となった商店街では、パレードや屋外映画上映会、季節マルシェも開かれる。

ションから博覧会、最近ではロボット、コンテンツなど国内外に場を広げている。高宮は、マーケティングや社会デザイン理論から、劇場空間、広場空間、コミュニティ論への幅広い実践家である。赤池は、ものづくりの視点から、大企業と地場産業との協働に基づく地域産業振興、新たな制度や枠組みの仕掛人である。鴨志田は、サブカルチャーやIT、web領域から、PR、プロモーションなどメンバーで最も先鋭的な視点をもっている。下川は、編集者としてデザインやものづくり、日本の伝統工芸の技術コラボレーションなどのアプローチから地方再生を実践している。

共通しているのは、衰退の兆しを見せはじめた街や地域に、それまでにはなかったユニークな発想のバリューチェーン、すなわち「価値の連鎖」を構築してきたことだろう。

生物学者の福岡伸一氏の言葉を借りるなら、モノとヒトとカネとエネルギーと情報が絶え間なく流れ、交換される「動的平衡」の結節点として、改めて街を捉え直すことが求められているのだ。生態系としてのコミュニティからその一部を無理やり切り離したり、新しい機能を移植する「街おこし」では、街の多様な関係性は失われ、活力ある動的平衡は生まれない。「街直し」は、すでにある街の微細な生態観察を前提に、関係性を改めてつなぎ直すクリエイティブだと捉えている。これからオンライン、オフラインを問わず、生産者と個人、企業と個人が、過去のバリューチェーンを超えてワンストップで繋がるユニークな絆づくりが期待されているのだ。

本書ではこうした問題意識に立って、各「街直し屋」たちの仕事を紹介している。ここで紹介されている手法を用いることでこれまで出口の見つからなかった問題を解決するジンテーゼが見つかるかもしれない。しかし、地方衰退の問題はそれぞれの地域によって千差万別であり、複雑だ。おそらくは共通して使える特効薬を見つけることは困難だろう。

そうした意味で、本書は問題解決のガイドブックとはならないかもしれないが、新たな発想を生み出すためのヒントを与えてくれるだろう。読者にはぜひそうした視点で本書を読んでほしい。そして、本書をきっかけとして、一つでも多く新たな「街直し」の取り組みが始まることを願っている。

［提言］学校

学校を夜間や休日に開放してみる。

夜の教室・校庭を開放し、塾や移動レストランにして、学校の運営費を補填する。土日は商店街・自治会のワークショップ、子育て相談会などを開く。また、街を学校のフィールドとして連携する。

巻頭座談会

公共空間の可能性

2017年春のとある日。多忙を極める三者が時間を都合して何とか集まった。本書のゲラを事前に各自が目を通しての会談だった。写真は、リパブリック・イニシアティブ座長の古谷（左）、同メンバーの高宮（右）、国土交通省の町田課長（中央）。

巻頭座談会◉公共空間の可能性

街づくりの核となる次代の公共空間とは。

地域の活力を取り戻し、育むための「街直し」。新たな公共の場を創出するには、何が鍵なのか。市民が求める次代の空間を生み出すトリガーをリパブリック・イニシアティブの古谷と高宮が国土交通省の町田氏を招いて語り合う。

市民生活の一部を形成するオープンスペースとして

古谷 本日は本書を手にとって読んでくださる方に、この多くの事例をどう読み解くかのガイドになるような座談会にしたいと思いますが、一見バラバラに集められたように見える事例の軸、あるいは底流にあるものは何か、そんなところからうかがいたいと思います。

町田 この本にある事例は、多くの人が関わる空間の価値をどれだけ高められるか、その空間が街の中でしっかりしたコアの機能を果たすために、どういう取り組みがなされているのか。その過程が見えて面白いですね。私の立場からすれば、そうした活動がしやすいよう、地方公共団体なり公的なスペースを管理している人たちはいかに仕事をすべきか、もし活動の障害があるのなら、できる限りそれを取り除くことをしなくちゃいけないと強く思いました。

高宮 今回、私は3本寄稿しまして、当初、個々の事例の紹介の仕方を全体として揃える、あるいは用語などを統一する必要があるかなと考えていたのですが、他のメンバーの原稿を10本ほど読んだところで諦めました（笑）。メンバーそれぞれに方法論や考え方があり、見事にいろいろな事例の広がりがある。その多様さが今回の本の特色であると同時に、そもそも「街直し」しなくてはならなくなったベースにある、各地の問題の多様性だと思いますね。

古谷 その問題を考えるために、そもそも「市民にとって公共空間とは何か？」を、少し考えてみたいと思います。

町田 公共空間も、昔と今とこれからではずいぶん違ってくるはずです。少子高齢化で、財政的にも都市の構造自体を変えなくては都市経営ができなくなっている。プレイヤーとしての公共団体が、もう体力的に管理しきれない場所が出てきて、地べタは公共でも、多くの人が入ってきて市民生活や生活時間を豊かにしたり、ライフスタイルをつくり上げていく場が公共空間であって、そこに民間の方々に入ってきてもらわないと回らないという構図だと思うのです。

古谷　今、公から民へ、主体がようやく転換してきた気がしますが、そこで市民は、何を求めるべきなのか。市民が求める公共空間や公共都市空間は、どういうものになると考えられますか。

町田　事故やトラブルが起きないよう厳しめに管理されがちだった公共の場は、道路も河川も公園も、これからは、「市民の豊かな生活時間の一部を形成していく場」になるべきでしょう。

古谷　市民が求める公共空間は、基本的には私は広場とか、ある種のオープンスペースだと思うのです。野山や海辺といった豊かな自然に恵まれたところはいいけれど、問題は都市。管理する側の立場と柔軟な使い方のせめぎ合いなど、都市におけるオープンスペースに限って言うと、問題は一筋縄ではいきません。

高宮　ヨーロッパで公共の公園や図書館、広場が成立したのは産業革命の頃ですよね。一気に工場ができ、空気や川が汚れ、労働者の貧困と格差が拡大する。そこで、都市のまとまりを取り戻すために、誰でも自由に無料で使える公園や図書館が整備されていった。最近よく言われる「シビックプライド」という言葉の誕生も同じ時期で、いわば公共空間は貧富の差に関係なく市民としてのプライドを保つためのもの。今、改めて市民にとっての公共空間が問題になるのは、貧困や格差が再び拡大し、まさにもう一度、都市の住民が一体になるための空間のあり方が問われているとも言えますね。

民間セクターが入ることで公共空間は変わる

古谷　都市の公園はいわば巨大な集合住宅に対する「みんなの庭」のようなスペースとしてつくられてきましたね。でも私は、都市の公共空間には、もう一つ大きな楽しみがあると思っています。それは「魅力的な街の人の生き生きとした姿を見ること」。パリのカフェのように、ただ人が通るのを見ているだけで楽しい。そういう都市の「人を見る場所」としてのオープンスペース＝居場所をつくることが必要な気がします。

町田　明治以降の公園の成り立ちにも関係するのでしょうが、整然とした美しさや利用のされ方に偏重し、いろんなことができる空間という、公園の伸びやかな良さに目が向けられ難かった面もあると思うのです。おっしゃるようにいろいろな人が思い思いのことをしていて、それで人が集ってくることの価値に、今後はもっと焦点を当てていかなくてはいけないでしょうね。

町田 誠（まちだ・まこと）
国土交通省都市局公園緑地・景観課長。1982年建設省入省後、東京都建設局公園緑地部長を経て現職。昭和記念公園などの公園緑地業務のほか、愛知万博の会場等の整備に従事。

古谷　ここで、現代の公共空間・公共施設の役割について考えてみたいと思います。というのも、近代化の過程で公共によって整備されてきたこれらの空間や施設が、成熟した今の時代にあって、もっと幅広い利用の仕方、目的以外の発想で使いこなされる動きも出て

高宮知数（たかみや・ともかず）
マーケティング・プロデューサー。株式会社ファイブ・ミニッツ代表取締役、立教大学社会デザイン研究所研究員、立教大学大学院兼任講師。久留米シティプラザ館長。詳細は、182頁参照。

きました。

高宮　公共劇場や音楽堂なども、当初は公会堂や集会所として造られたいわゆる多目的ホールですが、それが音楽や演劇に特化したり、作品創造の場としての機能をもつようになり、２０００年代後半には、社会課題に取り組む拠点というアイディアも出てきた。4世代ほどの変遷を経て、こうした変化に理解を示す自治体、例えばいわき市のアリオス（いわき芸術文化交流館）のように常にロビーなどのスペースが市民にオープンな文化施設もあれば、従来通り「貸し出し」での利用日以外は真っ暗な施設もあって、運営にかなりの差がありますね。

古谷　ひと頃までは、それらの公共ホールはいわゆる鑑賞型で、完成された優れた作品を鑑賞して市民は満足していましたが、今は創造型と言われる、市民がそこで自ら文化を創造していくための場になりつつある。時間単位で貸すのではなく、日常的に開かれていて、自然発生的に創造が湧き起こるような開放性が必要でしょう。

高宮　公の施設は公平公正が原則ですから、貸し出す相手も期間もその原則に沿うわけですが、市民やホールが主体になって何かを創るとなると、ある集団に長期間貸し出すことも必要です。今は地方自治法に基づく公平公正のルールと、いわゆる劇場法を根拠にした創造のための占有や育成の活動を両立させるのに混乱が起きたりもしていて、移行期としての難しい局面だと思います。

古谷　それは多分、責任者が一方的に管理しようとする意識が強いと膠着してしまう。市民が自主的に管理できる方向へ移行すれば理想的で、プレイパークの試みのように、ゆくゆくは「公園でこういうことをしたい」という自由な発想が市民の側から出てきて、それに応えられるような空間になるといいですね。

町田　実際、指定管理者制度ができて、公園の管理に民間やＮＰＯが入ってくるようになって、ずいぶん変わりました。こうした方々が管理している方が、空間利用の新しいカルチャーみたいなものができるのか、利用者同士の軋轢が減る傾向を感じます。

古谷　うちの孫がいつも遊んでいるプレイパークでは、近所のお年寄りがインストラクターをしてくれて、最近ではなかなか見られなくなった幅広い世代の交流が、自然に行われています（笑）。

町田　先の劇場の話もそうですが、図書館や公民館、劇場や公園といった機能がほとんど差別化されずに一体感をもって共存しているのが一番いい施設で、そこにいろんな世代の人たちが集まっている。そういうのが理想ですよね。

高宮　公園や文化施設は民間セクターの参加で生まれ変わる可能性がイメージしやすいのに対し、公共空間としての道路や河川などは土木が入って難しいのかもしれませんが、実は素晴らしい可能性を秘めているとも思うのですが。

古谷　江戸時代に遡れば、「カワラモノ」というように、芝居は河川敷で行われていましたね。芝居小屋が河原に並んでいて、盛んな街の文化の場、フリースペースとして使われていたんですよね。

町田　今、道路や河川も少しずつ変わってきています。平成22年から公共施設の民間開放をめざして、関連する法令や規則等を改正し、河川や道路にもカフェなどが置けるようになって、実際、そうした例もあります。いざという時、流水や交通の阻害ともなり得る施設かもしれませんが、より豊かなライフスタイルを実現するために、折り合いをつけながら進めてほしいと思います。

民間施設の公共的活用の可能性

古谷　今日の民間施設を見ると、デパートのようにすでに公共性を獲得しているものがたくさんありますよね。つまり、民間施設が実質的な公共性を帯びていく空間活用もあるのではないか。人口減少時代になって、今後、都市部で遊休化した施設や空きスペースが発生してきた時に、いかにそれらを活用していくのか。その可能性はどうでしょうか。

町田　今、民有の土地に準公園的な役割を担ってもらうための、新たな制度の検討を進めています。土地の保有にかかる税を軽減することで、空き地を市民に開かれた場として提供することを促進する狙いです。現代では、民間の公開空地が都市の美観上欠かせない要素になっていますし、ときに公道の街路樹よりも民間敷地の緑の方がよほど安定的に美しく管理されていますから。

古谷　開かれた場としてサービスを提供し、維持していくためにはコストがかかるわけで、民間が取り組む一種の公共サービスが対価や収益を得て、運営に還元できるような仕組みが理想ですけれどね。

高宮　その点で駅ビルは、空間の公共性と民間収益が共存する一つのモデルですよね。全国に商業施設を伴う駅ビルが生まれ、今まで駅に用がなかった市民も大勢集まるようになった。さらに隣接して道路や公開空地や駅前公園があり、一帯をうまくマネージできれば、市民の憩いも含めて空間全体が賑わい活性化する。

古谷　ただし、駅の再開発は多々あるけれど、残念なのはどの駅にも同じ店が入っていること。商業施設の内装監理の規制が厳しすぎて、クリアできる業者が限られる。しかも高い賃料を払い続けられるブランドとなると、どこも同じになってしまって。

高宮　30年先、50年先を見る目も必要ですね。大隅良典先生がノーベル賞受賞のスピーチで言っていたように、すぐに成果を生むものだけが大事なわけではなく、四半期で利益を計算したりせずに、10年間何も利益を生まないかもしれない、それでも「なんだかわからないけれども、みんなで続けよう」という視点が文化や街の賑わいなどにもないと辛くなってしまいますよね。

古谷　今、公共による一辺倒な整備から、民間のノウハウや活力や資金を活用できるフェーズに移っているのは確かです。しかし、民間の独立採算頼みで助成金も出しにくい。次の段階は、周辺の市民が求めているものを一緒に創っていくような駅であり公園であり、図書館にならなくては。

高宮　かつての公共ホールは「貸しスペース」で、文化が発生する場ではありませんでした。むしろ地方都市では、ジャズ喫茶や古本屋の店先、場合によっては洋服屋のおやじさんが文化の居場所をつくっていた。

古谷誠章（ふるや・のぶあき）
建築家、早稲田大学創造理工学部教授。NASCA代表、日本建築学会副会長などの役職を兼任。多くの公共建築を手がけ、日本藝術院賞をはじめ、受賞歴多数。詳細は、180頁参照。

古谷　この土地でこの人がいるこの古本屋があって、このジャズ喫茶があるというような独特の個性をもった公共空間を、市民も担い手の側になって育てていくことが求められていると思います。一個一個、一ヵ所一ヵ所、全部レシピが違い、材料もリソースも違う。そういうものに一つひとつ丁寧に応えられるような、そしてそれに応える無数の担い手がいないと、本当に魅力的で多様な動きは生まれてこないでしょう。全国で魅力的な屋台が姿を消してしまいましたが、あれも取り戻したほうがいい。

高宮　福岡の屋台は九州・沖縄サミットの時に撤去されそうになったのですが、住民が「だったらサミットは来なくていい」と譲らなかったとか（笑）。

古谷　屋台のしたたかさがあって、客にこよなく愛されていて、住民がサポートしている。それが健全なんじゃないかな。

町田　福岡では、条例で定めた仮設の占用物件として屋台が公園に入れるように、いち早く制度緩和を進めています。志がはっきりしているので、分かりやすくていいですよね。

個人の意識と心を繋ぐ継続の仕組みを

古谷　最後に、公共空間の今後の展望や期待されることをお聞かせください。

町田　最初にお話したように、地域の創意工夫と人間関係から立ち上がる動きを支える制度の整備をめざすこと。また、制度では縛れない「心」の方、地方公共団体や国の行政担当者の姿勢についても変えていきたいですね。法令では実現可能なのに、実行されてないとしたら、そこには何か理由がある。役所が一人で考えてルールをつくるのではなく、みんなで力を合わせて一個一個の試みが積み重なって、全国的に元気な活動が広がっていけばいいと思います。

高宮　今までは公共団体や行政が公共を担い、民間や個人は収益を頑張ればいいとされてきました。しかし、これからは民間や個人の立場であっても、ある種の公共性＝公民あるいは市民と呼ばれる役割をどう果たすか、そのことをどう意識するのか。公共空間に民間の商売を導入する際も、公共性のある人や業者を選ぼうという視点が入ってくれば、次のフェーズに進んでいけるだろうと思います。

古谷　本書で紹介する事例は個別的で、それぞれオリジナルのレシピが特異解として生み出されたものです。ですから、事例は単純に横流しにコピーできるわけではなく、「こんなことができるなら、うちではこういうことができるんじゃないか」と刺激するものであってほしい。そして縦方向には、時とともに継続していくことが重要ですよね。継続する力をどうすればもてるのか、それを可能にする主体や担い手はどうつくり上げるかなど、多くの事例を取り上げたつもりですので、ぜひ参考にしていただきたいですね。

ケーススタディ

第1章 産業・経済振興

千葉県鋸南町

Case study
01
Kyonanmachi, Chiba

産学協働
廃校活用
地域経済拠点

廃校を道の駅に、都市と交流する施設へ。

首都圏5大学の学生・教授陣が協働し、施設デザインやセルフビルド、その後の運営・展開までをサポートする。若い発想が、南房総に新しい戦略を生み出している。(古谷誠章)

複数の大学研究室の連携で地域の生業を創成する。

房総半島の鋸山トンネルをくぐり抜け、ちょうど南房総の入口に位置するあたり、2014年に廃校となった鋸南町の旧保田小学校は、館山道「鋸南保田インター」出口の真ん前に建っている。東京湾を横断する自動車道「アクアライン」があるおかげで、東京や横浜から車で1時間足らずの距離にある。羽田空港からはものの40分だ。首都近郊にありながら、鋸南町は

インター正面の小学校がそのまま道の駅になった。

活気あふれる産直市場は、
元体育館。

陽光の降り注ぐ海と温暖な花畑の広がるのびやかな土地である。町の人口は約８０００人、ご多分に漏れぬ少子化により、１２０年の歴史のあった小学校は閉校し、地域活力の低下が危惧されていた。

町が構想したのは、この立地と校舎を活かして、長狭街道を行き来する観光客をターゲットとする道の駅をつくることだった。自動車道の開通により、どうしても館山、鴨川方面に直行してしまう来訪者を、いかにして町に取り込むことができるかが、最大の懸案事項であった。しかも、付近にはすでに知名度の上がっている海の幸や入浴施設の「ばんや」、見返り美人で有名な菱川師宣記念館、地域住民の文化活動の拠点で誘客を図る「道の駅きょなん」など、いくつかの道の駅がすでにあり、これらとの競合を避けながら活路を切り開く必要がある。

そこで、デザインや施設イメージの提案を募る公募型のプロポーザルに踏み切った。テーマは鋸南町の地元住民が「都市と交流する施設」。新たな生業を創り出し、地元経済の再興に資するための拠点施設の整備だ。

それに応えたのが、私たち4つの建築設計事務所の共同体、N.A.S.A.である。そこには首都圏の5つの大学で設計を教える5人の建築家がおり、それぞれの大学の大学院生が協働してプロポーザル案を作成した。

実はこの4事務所は２００５年にオープンした「月影の郷」（新潟県上越市）でも、廃校となった小学校を宿泊体験施設にリノベーションし、当時は日本女子大、法政大、横浜国立大、早稲田大の4大学の学生たちと大学を超えてともに協働した経験をもつ。

校舎2階、宿泊室の前を繋ぐ「まちのリビング」。

雪深い当時の浦川原村の月影地区の住民たちと協議を重ね、施設が完成した後も、現在に至るまで10年以上にわたり、学生は代々入れ替わりながら、宿泊室の拡充や民具の資料室の開設、展示空間の創設など、毎年少しずつ、しかし継続的に施設の整備や運営に関わり続けている。年々関わった学生数が増えるばかりでなく、利用者数は年を追うごとに確実に増加している。

鋸南ではこの4大学に工学院大が加わり、さらにボランティアとして参加した日本大などの学生も合わせて、企画を練った。

依頼者の想定を超えるアイディアが新たな生業を生み出す。

千葉の鋸南町における私たちの提案の骨子は、町のプログラムが想定した内容を超えるもので、当初はそのまま存置して避難所として使う予定だった体育館を「産直市場」に改修し、校舎2階部分に想定されていた店舗用のスペースを、すべて客のアクセスのよい1階に配置する。それにより空きの出る校舎2階部分には宿泊機能を提案した。校舎前には横一列の長いスペースを増築して「まちの縁側」と名づけた。縁側は、1階では店舗前の雨に濡れないアーケード空間になり、2階部分では宿泊室前を横一文字に繋ぐサンルームのような空間「まちのリビング」となる。町がまったく予期していなかったのが、体育館の利用と宿泊機能の付加であり、公募プロポーザルであったからこそ生まれ出たアイディアだった。

体育館は耐震改修の必要性があることから現状維持が精一杯、宿泊は運営の問題や営業リスクもあってはなから想定外とされていた。しかし体育館の位置は、インター出口のほぼ正面で視認性は抜群。これを放置するのはあまりにもったいなく、校舎2階のテナントスペースは、集客性に難がある。2階に宿泊ができれば、平常時は安価に「学校に泊まる」ことが可能で、学生や週末に訪れるライダーや、将来は2拠点居住や移住を考える都市住民の、とりあえずの滞在拠点として活用でき、また災害などの非常時には住民の一時避難場所として、既存の体育館よりはるかに快適な避難生活環境を提供することができる。

このプログラムは竣工に先駆けて国の「重点道の駅」に指定され、はたして2015年に「道の駅鋸南保田小学校」としてオープンして以来、PRが功を奏したのと、産直市場が絶好のアイキャッチとなって毎週末は駐車場がすぐに満杯になり第2駐車場へ誘導するほどの大盛況である。

1階のテナント部分には、幸いすべてが地元に馴染みの深い町内の飲食店などの新業態展開の店が入居、チェーン店などには一切頼らずにすんだ。また、この場所への新規出店が、これまで家業の後継を躊躇していた二代目の背中を押すなど、町に新たな生業を創出した面も見逃せない。

施設のオープン式典に足を運んだ高齢の女性たちが、「私たちの学校がなくなって寂しかったけど、こうしてまた通うことができるようになったのは嬉しいわね！」と言っていたのが、廃校活用の高揚を如実に物語っている。

地域の「学校」はその場にあり続けねばならないのだ。

校庭がパーキング、1階には地元の店舗が入っている。

鹿児島県
奄美市

Case study
02
Amamishi, Kagoshima

協業への広がり
発想の転換
伝統産業

伝統に留まらずニーズを発掘する商品開発。

伝統産業が生み出すプロダクトを地域のDNAである自然資本や地政学をブランド化し、タグ付けすることで、事業者間の協業による地方創生を可能にする。（赤池 学）

高級品だからこそ幼児から親しんでほしい大島紬。

鹿児島県の奄美大島には、織物の至芸「大島紬」がある。その起源は、奈良時代に遡り、我が国における染色織物では最も古い歴史を誇っている。当初は、無地や簡単な紬をつくっていたが、やがて島に多いソテツやハブの鱗、魚の眼、そして魔除けの入れ墨文様などに想を得て、複雑な模様の紬がつくられはじめる。そして、島にあるテーチ木と呼ばれるシャリンバイや、鉄分

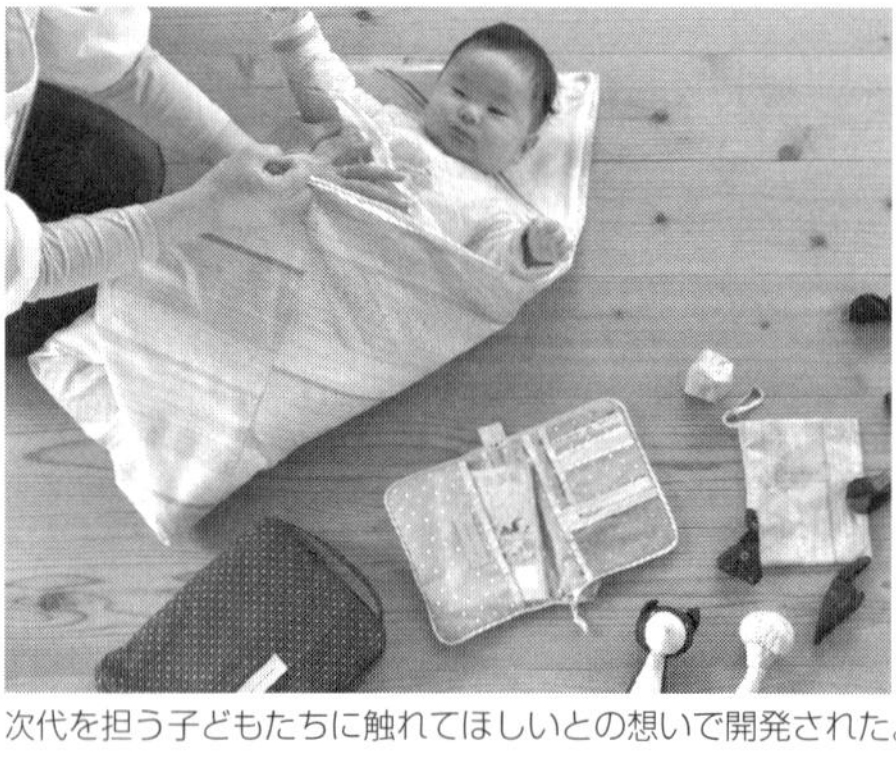

次代を担う子どもたちに触れてほしいとの想いで開発された。

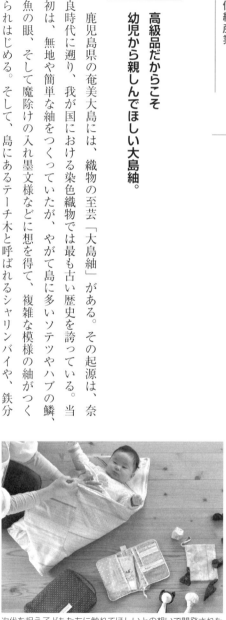

スリング（抱っこ紐）など、6つの商品で構成されたギフトセット。

の多い田の泥で染め上げる、奄美大島独特の紬が誕生したのである。

大島紬の着尺一反をつくるには、1600粒の繭を原料に、長さにして2000キロメートルもの糸を使う。その地糸をテーチ木で数十回染めた後、泥染めを行い、この工程を何度も繰り返す。その地糸と色や模様を生み出す絣糸を織り上げ、平織の大島紬が誕生する。図案設計から原料の絹糸調達、糊張り、染色、織加工、検査まで、40に及ぶ製造工程を経て、出来上がるまで半年から一年以上もかかる。高級なものは数百万円、数千万円もする所以である。

しかし、この価格と和装文化の衰退で、今日、大島紬を求める人は減っている。産地では、ネクタイやバッグなどの産品開発にも注力してきたが、かつての隆盛を呼び戻すには至っていない。そんな課題を抱える本場大島紬のナンバーワンメーカー、窪田織物株式会社と、筆者は鹿児島県の商品開発事業「ものづくり郷中塾」を通じて出会った。いかにして、この素晴らしい織物の価値を伝えていくか。悩みぬいた挙句、頭に閃いたのは、「ゆりかごから大島紬」というメッセージだった。

大島紬を未来へ継承していくためには、次代を担う子どもたちこそその価値に触れてほしい。日本に生まれた子どもたちが乳児の段階から、誇りとともに身にまとう大島紬を生み出したい。この思いを窪田社長と共有したことで、誕生した製品が、Baby's Gift「おおしまつむぎ」である。

「おおしまつむぎ」は、赤ちゃんの成長後はストールとしても使えるスリング、ポシェットにもなる母子手帳ケース、裏地を外せば授乳ケープとしても利用できるおくるみ、がらがらとお手玉、そしておむつバッグというパッケージで構成されている。素材はすべて、軽く、温かく、汗ばむことない、高級な大島紬。それらに、チャーミングなデザインを与えてくれたのは、筆者の大切な友人であるコスチュームアーティストの、ひびのこづえさんである。

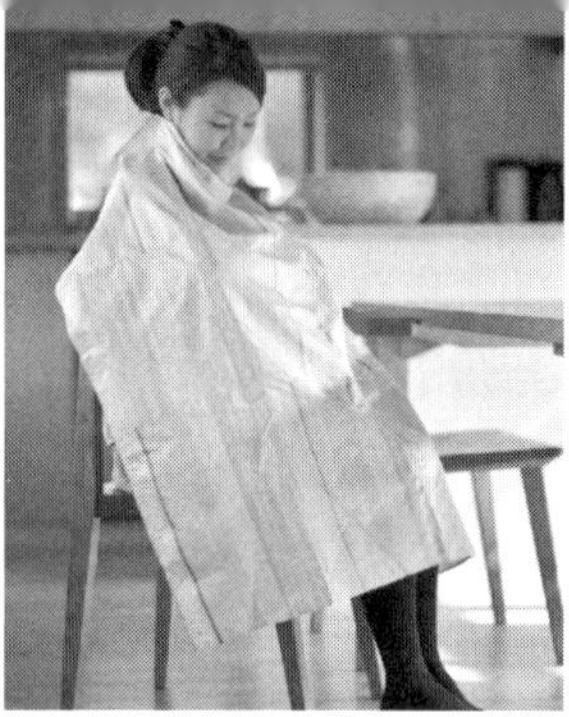

おくるみは、裏地を外せば授乳ケープになる。

価格5万2500円で販売しはじめたこの製品だが、『家庭画報』をはじめとする雑誌に取り上げられたり、SNSでも話題になり、注文が殺到した。ことにお孫さんのいないおばあちゃんの友だちや、結婚していないママの友だちが出産祝いに選んでくれているようだ。家族の宝物である赤ちゃんに、まとってほしい織物の宝物。この想いに共感してくれた成果だと確信している。

シルクが生む新たな商品と協業・地域おこしへの広がり。

大島紬を生み出した奄美大島には、同じシルクを原料に、絹タンパク質の細胞活性力を活かした化粧品を製造しているメーカーがある。株式会社アーダンだ。

そもそもシルクの繭は、カイコガの仲間が子孫を育むために生み出したサバイバルのためのシェルターである。シルクは高級衣料素材、手術の縫合糸としても活用されているほか、近年の研究によりシルクのタンパク質が、静菌性、抗アレルギー性、UVカット性、そして細胞分裂の活性化作用をもつことが科学的に明らかになりはじめ、医療・美容分野でも注目を集めている。同社は、東京農工大学や鹿児島大学とシルクの機能性研究に取り組んできただけではなく、奄美の養蚕業復活に向けて「島桑」の栽培や養蚕までも手掛けている。

「奄美はシルクロードの東の果て。西の果ては、古くからシルク織物で栄えてきたフランスのリヨン。私たちがこだわってきたシルク化粧品は欧州ではまだ珍しく、フランスを足掛かりに、ヨーロッパ女性の〝美しくありたい〟という願いの手助けがしたい」。アーダンの新商品プロジェクトは、そんな西社長の思いからスタートした。

アーダンが製品開発したシルク化粧品、「Silk Crown」。

世界的な皮膚研究の拠点、フランスのダーマスキャン研究所に依頼したシルクの成分実証実験で、抗シワ効果、スムージング効果、保湿効果が大きく認められたことから、シルク主原料のエイジングケアクリームの開発に着手し、２０１３年9月にパリで開かれた化粧品国際見本市「コスミーティング」にて、日仏同時発売商品「Silk Crown」を発表し、化粧品関係者の高い関心を集めることができた。

この商品は、厳選した国産繭をアーダン独自の技術で溶解し、ペースト状にした「加水分解シルク（シルクフィブロイン溶液）」を主原料として60％配合。肌の敏感な人も使えるよう、界面活性剤、乳化剤、パラベンを一切使用しない処方でつくられた。価格は、3万１５００円とやや高価だが、使った女性たちの評価は高い。

＊

かつて日本の輸出基幹品であったシルク製品。大島紬はその真骨頂であり、繭という自然界のシェルターを女性たちの美のシェルターとして世界へ再発信する化粧品も、21世紀のシルク製品である。両者とも、シルクを生み出すカイコや、その餌となるクワとは切っても切れない関係だ。アーダンの化粧品工場には、カフェやフォトスタジオも設置されており、来訪者にはクワ茶やクワドリンク、クワのソフトクリームなどが提供され、イベント時にはクワ料理も振る舞われる。そして、フォトスタジオでは、シルク化粧品のお試し体験をした女性たちが、大島紬を身にまとい、記念写真を撮影できるという趣向である。

こうした奄美大島の事業者間の協業が生まれたことで、自治体も「クワによる島おこし」に動き出し、ＪＴＢも「奄美ビューティツーリズム」という旅行商品で、積極的な誘客を図ってくれているのである。

佐賀県
有田町

Case study
03
Aritacho, Saga

地域資源活用
価値の創造
編集再生

既存の商品に新たな価値を付加する。

地域産業の再生事業は、新商品開発に偏りがちだ。有田焼400年事業では既存商品の「編集型による再生」という手法で成果を上げている（下川一哉）

新商品開発に依存しない産地再生術。

ARITA SELECTIONは、佐賀県が支援する有田焼創業400年事業の一つ。産地の事業を技術のみならず、デザインと経営の視点を交えて支援し、そうした動きを産地内事業者に自発的に促していこうとしている。それが、「有田価値創造研究所（通称アリラボ）」から生まれた国内市場開拓事業である。

書籍に掲載したテキストや画像を活用して製作した見本市の出展ブース。

有田焼創業400年事業では2013年以降、「2016／project」や「ARITA400 project」など、海外市場開拓をめざし、国内外の著名なデザイナーやクリエイターを起用して、新たなものづくりに挑む事業が大規模に進んできた。これらに取り組む産地事業者は、試作を何度もブラッシュアップしていくなど、時間や人手を大きく割かれてしまう。複数の事業に参加する事業者にとって、これらが一方で大きな負担となることは間違いない。

市場開拓において、売上増を図る手段として、新商品の開発がすべてではない。既存商品に陳腐化がない場合、商品のプレゼンテーションを見直したり、商品を新たな事業ブランドに編集したり、これらをイベント化することで価値の創造を図ったり、主にコミュニケーション領域に投資することで成果を上げる手法もある。幸い、有田の事業者には在庫されている既存商品が多く、これらのなかには市場価値の高いものが少なくなかった。

ARITA SELECTIONのプロデューサーを務めた名児耶秀美氏（アッシュコンセプト社長）は、これらの既存商品のなかで「豆皿」に着目した。豆皿は〝おてしょ皿〟とも呼ばれ、直径10センチメートル前後の小ぶりな皿のことだ。ほとんどの事業者が複数の豆皿をラインアップしており、その豆皿には窯元の歴史や技術といった物語が潜み、バリエーションも豊富だ。現代の暮らしに合った使い勝手の良さもあり、編集とブランディング次第で市場に受け入れられる可能性が高いと判断したのである。

書籍は活用できるコンテンツの集積だ。

ARITA SELECTIONは、書籍出版、見本市出展、ポップアップショップ展開の3事業によって構成される。中心になる事業は、書籍『きんしゃい有田豆皿紀行』の出版である。取材・執筆・編集チームを編成し、産地の26窯元ほか観光資源などを取材し、豆皿を通して有田焼産地全体を紹介する書籍を2015年に出版した。

本書のページを開くと、原寸大の写真で豆皿が120点以上紹介されている。これらのクオリティとバリエーションこそが、窯業産地である有田の地域資源である。しかし、産地で焼物をつくり続けている窯元の人たちの表情や暮らしぶり、有田が大事にしてきた窯業関連の史跡など、商品の周辺を取り巻く情報も魅力的な地域資源と言える。

地域資源をモノだけでなく、ヒトやコトに広げて考え、うまくコミュニケーションに活用することが求められているのである。

書籍に収録されたテキストや写真などの素材は、多少の加工を施して、見本市や百貨店などで開催されるポップアップショップにも活用できる。商品を展示する什器やリーフレットなどのグラフィック素材として使用するだけではなく、さまざまな広報活動にも活用し、統一したイメージを保ちながら効率的なコミュニケーション計画に落とし込むことに成功した。

ARITA SELECTIONで展開した事業は、2016年までにおよそ3500万円の売り上げを達成した。本事業において、産地の窯元に大きな負担はかかっていない。商品セレクトや取材に

書籍では、産地でものづくりに携わる人を中心に、風土や自然環境を紹介。ここから産地のストーリーが生まれる。

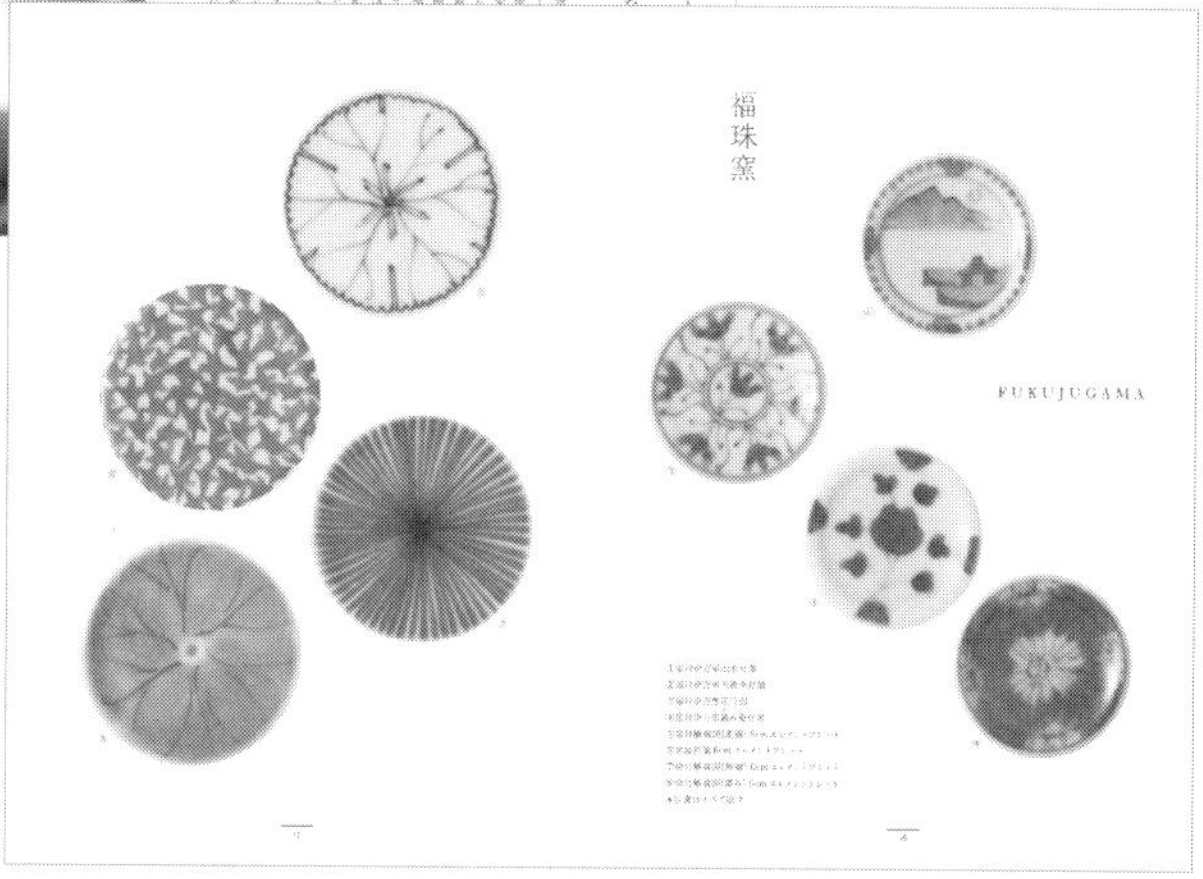

商品紹介ページでは、豆皿を俯瞰で撮影しカラーの原寸大で掲載。ものの表情が充分に伝わるように工夫されている。

協力してもらい、注文に応じて在庫から商品を手配してもらうか、定番商品の一つとして生産してもらう程度である。むしろ、汗を流したのは、産地外の専門スタッフによる取材・執筆・編集チームと、26窯元の商品を管理し、さまざまなイベントで現場運営に携わった産地商社である。

こうした点には、二面性がある。まず、窯元に大きな負担をかけずに新たなビジネスモデルを構築できた意味は大きい。半面、窯元に本事業への参加意識はそれほど高くない。また、産地商社の役割を顕在化できた意義は大きいが、彼らには今後、こうした事業を自発的に企画して運営していくリーダーシップと能力が求められる。

書籍『きんしゃい有田豆皿紀行』
(CCC メディアハウス刊)

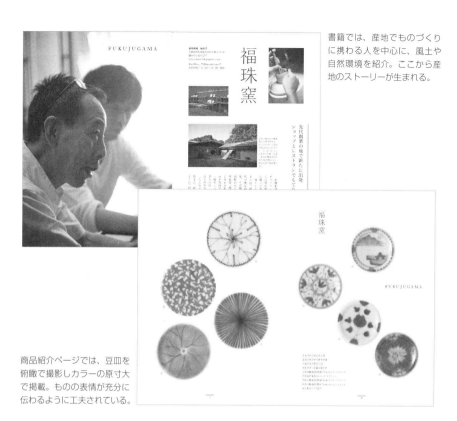

［海外］
JAPAN

Case study
04
JAPAN EXPO etc.

海外展開
イベント活用
伝統産業

伝統産業の復興に日本文化イベントを活用する。

「古さ」は価値。歴史や伝統を活かしたブランド戦略は現地に飛び込むことが第一歩だ。欧米は「共振」の少ないマーケットだけに、狙いを定めたターゲット戦略が重要になる。（石川 勝）

伝統産業の復興は海外展開からはじめる。

高齢化や過疎化、ライフスタイルの変化などによって、伝統産業が衰退している地域も少なくないだろう。何百年にわたって技が伝承され、文化を育み、地域経済を支えてきた伝統産業が失われてしまうのは、その地域だけでなく、日本全体にとっても損失と言わざるを得ない。衰退に歯止めをかけ、将来に向けて新たな希望を描ける産業へと変貌させることが、強く望まれて

大盛況の日本伝統文化のステージ（ロンドン：HYPER JAPAN）。

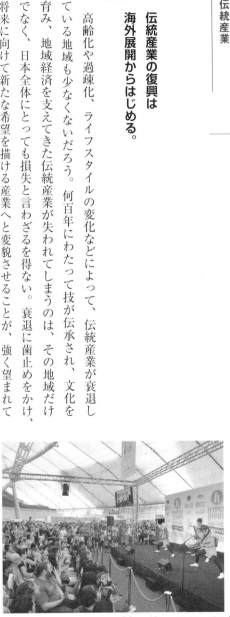

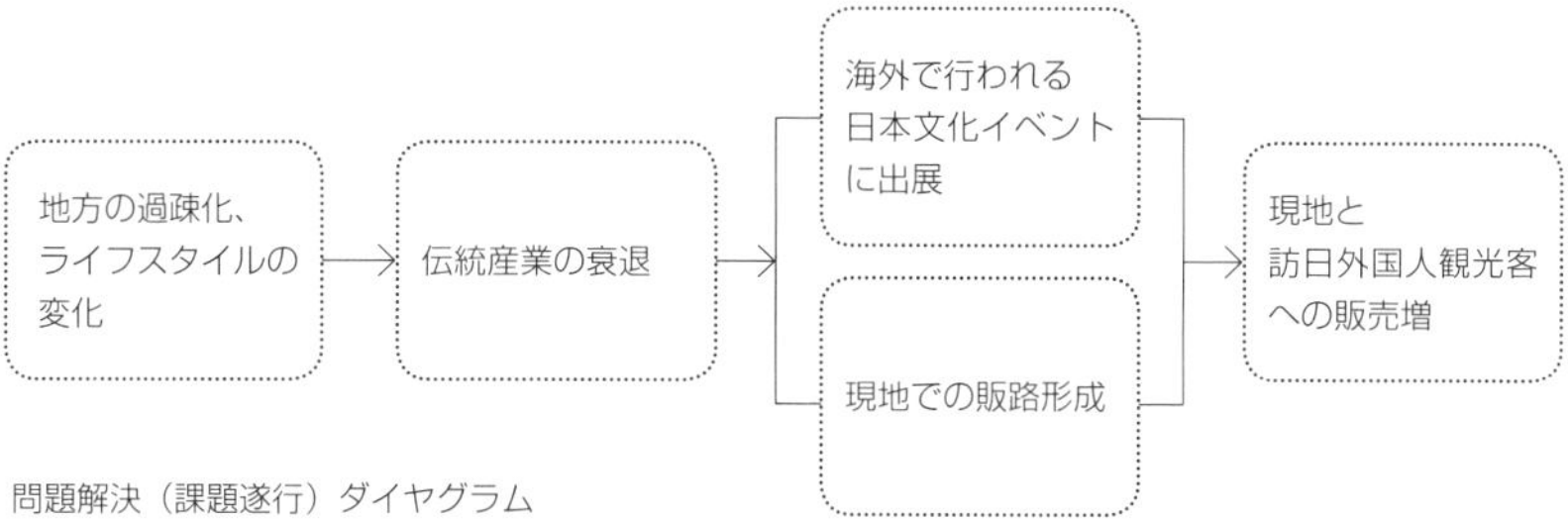

問題解決（課題遂行）ダイヤグラム

いる。

こうしたなか、いくつかの地域では伝統産業の海外展開に挑戦しはじめている。高齢化、少子化、人口減少などで大きな成長が期待できない日本の市場に対し、海外はまさにフロンティア。成功すれば大きなリターンが期待できる。

ここ数年、政府もクールジャパンの名のもと、海外への日本製品の売り込みに力を入れており、その成果は確実に上がっている。特に製造業やサービス業においては、人口が多く、既存勢力による市場支配が確立していない新興国への進出に意欲的であり、品質に優れた工業製品や、日本が世界に誇る「おもてなし」を売りにしたサービスが現地の人々に受け入れられ、高い人気を得ている例も少なくない。

他方、欧州や米国など、先進国に向けた取り組みも活発だ。先進国は新興国と違って市場シェアが確立しているため、新規参入が難しい面もあるが、国民の所得が高く、消費金額も大きいことから、高級品や日本酒などのブランド品の進出に向いている。これらの地域では古いものに価値を感じる傾向が強く、伝統産業が好意的に受け入れられる可能性は決して小さくない。

こうした先進国に進出する際、ぜひ注目したいのが「日本文化イベント」だ。これらのイベントは２０００年前後からブームに火がつき、現在に至るまで勢いは留まるところを知らない。フランス・パリの「ジャパンエキスポ」は４日間で25万人（２０１６年）、米国・ロサンゼルスの「アニメエキスポ」も４日間で延べ30万人（同年）を記録するなど、驚異的な来場者を集めている。近年ではこうしたイベントに、伝統産業の出展者が目立つようになってきている。

欧米でも、日本酒を好む人は多い。

熱狂的なファンが集まる日本文化イベント。

イベントのテーマはアニメやマンガなどのポップカルチャーであり、一見すると伝統産業とは正反対のイベントのように思われるが、実際にはそうではない。アニメで描かれた風景や生活の場面に日本の地域や古くからの伝統産品が登場することも多く、海外のファンはこうしたものに強く興味を抱いているのである。

実際にジャパンエキスポなどの会場を歩くと、大勢の来場者が禅や合気道、盆栽などを楽しんでいる。これらのイベントに訪れる熱狂的なファンは、会期中毎日朝一番に入場して閉場時間まで留まり、お目当てのマンガやアニメだけではなく、和食や音楽、武術、伝統芸能など、ありとあらゆる日本文化を楽しもうとしている。こうした日本文化に高い関心をもつファンと直接ふれあうことができる日本文化イベントは、日本の伝統産業にとって極めて有効なプロモーションの場となっている。

日本文化イベントを足掛かりとして現地にファン層を形成し、需要に応えることのできる販路を確保しさえすれば、海外進出の第一段階はまずは成功と言える。販路についてはすでに楽天などがeコマースのサプライチェーンを構築しており、以前と比べて格段に海外進出は楽になっている。

しかし、欧州や米国などでは日本と決定的に異なる点があることに注意が必要だ。それは「共振」の少なさだ。日本の消費者は、「流行」に対して敏感である。コンピュータで

海外で開催されている主な日本文化イベント

名称	開催地
ジャパンエキスポ	パリ
ハイパージャパン	ロンドン
アニメエキスポ	ロサンゼルス
J-POP サミット	サンフランシスコ
サウス・バイ・サウスウエスト	オースティン
アニメフェスティバルアジア	シンガポール 他

作曲するＤＴＭ（Desk Top Music）をしたことがない人たちでも「初音ミク」を知っている人は少なくない。演歌に興味がなくても氷川きよしの「ズンドコ節」を歌える人は多いだろう。日本人は自分には興味のない分野にさえ敏感になる「共振」する人が多い社会だと言える。

他方、欧州や米国ではどうか。これが日本とはまったく異なり、自分の関心のある分野にはとことん熱狂するが、関心のない分野には全く興味を示さないのである。

霞ヶ関の官僚としてクールジャパン政策に携わり、その後、官僚を辞めてオックスフォード大学の博士課程に入学した三原龍太郎氏は、著書『クール・ジャパンはなぜ嫌われるのか』（中公新書ラクレ）のなかでこうした現象を「コップの中の嵐」と表現している。コップの内側で嵐が吹いていても、コップの外側には一切影響しないという意味で、共振の範囲が極めて限定的で閉じていることに喩えている。

欧州や米国に進出する際は、ターゲット層の選定に充分な注意を払うことが重要となる。そうした意味で、日本文化に関心の高い層だけが集まる日本文化イベントは、まさに宝の山とも言える出会いの場だ。日本の伝統産業には、ぜひともこうしたイベントを活用して海外展開に挑戦していただきたい。そこからまた新たな伝統が始まるのだから。

日本のランドセルは海外で人気がある。

国内
山間観光地

Case study
05

Domestic tourist spot
in mountainous region

地域の回遊性
着地型との連動
社会価値

EV観光を柱にした新発想のビジネスモデル。

交通の便がネックであった観光地を
EVシェアリングで魅力的に繋ぐ旅行商品を開発したJTB。
単に旅行商品に留まらない展開を見せている。（赤池 学）

EVカーシェアリングを中山間・山間地観光に導入する。

スイスは、世界的に知られる観光立国。山間の貧しい国が、観光産業を創造することで、豊かな国へと変身を遂げた。その大きなエンジンが、アルプスの山々をはじめとする自然環境と、スポーツアクティビティと公共交通機関を組み合わせて移動する旅行スタイル、「スイス・モビリティ」の基盤整備である。高山列車、乗り捨てにできる自転車、カヌー、ハイキング、トレッ

ドライブ利用者の環境意識を向上させるとともに、
環境に優しい地域としてのメッセージを発信する。

JTBでは、環境問題を背景にした社会課題の解決に向け、EVを活用したEVモビリティ観光活性化事業を開始した。

キングなどの多様な移動手段を柔軟に組み合わせたモーダルシフトと、荷物の転送サービスシステムを形にし、観光集客をしてきたのである。

日本にもスイス同様の、世界には類を見ない素晴らしい自然環境や生態系が豊富に存在する。しかし、それらを存分に体験してもらうには、列車やバスでは行けない場所に分け入ってもらう必要がある。

（社）ＣＳＶ開発機構の理事企業であるＪＴＢグループは、スイス同様の新たな旅のスタイルを構築することにより、地域回遊を促し、交流人口による経済波及効果の拡大と地域創生をめざすＣＳＶプロジェクトを立ち上げた。それが、経済産業省や国土交通省と連携して推進している「ＥＶ観光ステーションの基盤整備」である。

これまで、中山間地、山間地の観光においては、その足をレンタカーが担っていた。それに対し、ＪＴＢが注目したのは「ＥＶカーシェアリング」である。カーシェアリング会社が保有する電気自動車を、事前に登録した個人会員が共同利用するシステムだ。

特筆すべきは、ＪＴＢグループのネットワークを活用し、観光宿泊施設の経営者や従業員と、宿泊客でシェアリングするという新発想のビジネスモデルを構築したことである。そのスキームは、有償貸渡事業者である日産レンタカーが観光宿泊施設をカーシェアリング取次店として業務委託し、宿泊客は電気自動車で観光移動を行うというものである。

言うまでもなく、環境・エネルギー問題の解決策の一つである電気自動車の普及と、地域における二次交通、三次交通の構築は、国策である。こうした公益としての社会課題の解決を図りながら、ＪＴＢは回遊性の向上を促して交流人口の最大化をめざして、新たな旅のスタイルを構築した。事業としての旅行商品を形にしたのである。

電気自動車の普及にあたり、不可欠となるのは、充電インフラの整備である。JTBは、観光地を中心とした目的地に、経済産業省の補助金、および合同会社日本充電サービスの支援金を活用して、同社が所有する充電器を無償で貸与する事業を展開してきた。すでに、全国でネットワーク化された、1600基を超える充電器を設置するとともに、充電認証・課金を行う会員カードビジネスもスタートさせた。

このシステムを導入した宿泊施設には充電器が設置され、EVの駐車スペースをEVカーシェアスポットとして提供している。電気自動車を宿泊施設の社用車や、従業員の通勤用車両として活用しながら、宿泊客への二次交通、三次交通として、コンビニエンスなモビリティ環境を観光地に構築しているのである。

観光メニューの充実で実現させる地域への経済波及効果。

そして今、JTBは、EV観光ステーションによる地域の回遊性の向上を図りながら、着地型コンテンツとの融合をさまざまな形にしている。

新幹線をはじめとする公共交通機関とEVカーシェアリングを結びつけ、そこにスイス同様のトレッキング、キャニオリング、サイクリングなどのスポーツアクティビティ、キャンプ、釣り、スキー、ゴルフなどのアウトドアアクティビティ、里山体験、古民家泊、花火などの風俗・文化体験、温泉入浴などを組み合わせた旅行商品を併せて開発しているのだ。いくつかの地域では、地方自治体と連携し、レール&EVライドリゾート、カーフリーリゾートなども誕生している。

写真は箱根観光を「ECOカードライブ」として打ち出したパンフレット。

このＣＳＶプロジェクトは、国策の推進としての充電器の設置、二次・三次交通の構築という地域課題の解決、観光客の利便性の向上という公益を実現しながら、ＥＶ観光ステーションのシステム開発と運用、活用に関わる、ＥＶメーカーである日産自動車、カーシェアリング会社である日産レンタカー、情報通信企業である日本ユニシス、カード会社であるＪＣＢ、そして旅行代理店であるＪＴＢに対して、明確な企業益をもたらしている。

　こうしたＥＶ観光ステーションの仕組みは、充電器販売と所有、充電会員ビジネスとしての運用、観光シーンでのＥＶ活用の三者が、一体的に提供できないと実現不可能な、極めて独自性の高いユニークなビジネスだ。

　ＣＳＶを提唱したハーバード・ビジネススクールのマイケル・ポーター教授は、「事業戦略とは、ユニークになるために戦うことだ」という箴言を、私たちＣＳＶ開発機構の会員企業との交流を通じ、プレゼントしてくれた。そして、ポーター教授は、ユニークになるための三つのコンセプトを、以下のように定義する。

　第一は、「ユニークな価値」を構想すること。

　第二は、それを実現する、「バリューチェーン」を構築すること。

　第三は、そこにおいて、「しないこと」を特定すること。

　これまで都心部にあったＥＶステーションを、敢えて観光地や温泉地に整備したユニークさ、開発、導入、運用、活用に関わる企業ネットワークの確立、そしてエコカーでしか移動しないという、「しないことの実践」。観光ＥＶステーションによる地域活性化事業は、ポーター教授の言う模範的な事業戦略であり、これから行政や地方自治体、そして企業には、こうした社会価値に基づくポートフォリオの組み替えが確実に期待されていくだろう。

ケーススタディ

第2章 都市型再生

福岡県
北九州市
Case study
06
Kitakyushushi, Fukuoka

法改正の活用
自発的管理
都市公園

都市公園を活用して魅力ある公共の場を生み出す。

人の姿が消えてしまった中心市街地。都市公園を新たな集客装置へと生まれ変わらせることで街に新たな人の流れを創出することができる。（石川 勝）

テーマは街の賑わいづくり。

かつては大勢の人で賑わっていた商店街も、今は多くの店がシャッターを閉め、人の姿もまばらな寂しい街となってしまっている……。こうした風景は全国で見られ、今の日本を象徴する現象とも言える。モータリゼーションの発達とそれに呼応した郊外の大型商業施設の進出、これによって中心市街地で買い物をする人が減り、商売が続けられなくなったところが店を閉め、

シャッターの閉じた商店街。

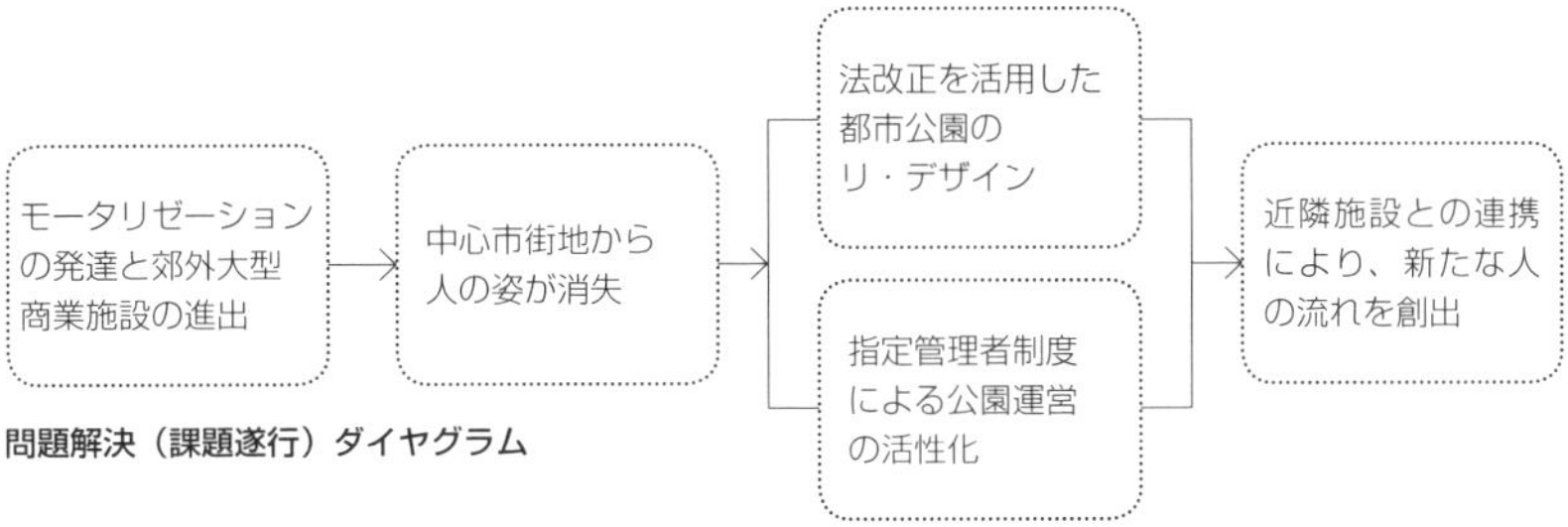

問題解決（課題遂行）ダイヤグラム

それによってさらに人が来なくなるという悪循環に陥ったのが一番の理由だろう。もちろん少子高齢化や都心一極集中による地方の人口減少も大きく影響している。

北九州市にもそんな街がある。八幡東田地区は、かつて官営八幡製鉄所が立地した日本近代化の原点とも言える街だ。その後、新日鉄八幡製鉄所となり、多くの作業員とその家族が周辺に暮らしていた。工場に隣接する中央町商店街は日中は買い物の主婦や学校帰りの子どもたちが、夜になると仕事を終えた作業員が飲食店に集まり、商店街はいつも賑わいを見せていた。ところが製鉄所が港湾部へと移転し、八幡東田地区から製鉄所がなくなると、街から徐々に人が減りはじめ、現在では他の商店街と同様にシャッターを閉じた店が増えて、人通りもまばらになっていた。

しかし、八幡東田地区では街の活力が失われないよう、製鉄所跡地の再開発に取り組み、テーマパークや大型商業施設、高層住宅の整備などを積極的に行ってきた。合わせて、水素エネルギーの活用など先進の環境モデル都市の実証実験などにも取り組み、次世代の街として国内外の注目を集めるようになった。

こうした取り組みを推進しているのは、新日鉄や北九州市、地元企業に加え、街の中に拠点を構えるＮＰＯなどである。２０１５年にはこれらの組織が連携して、将来に向けた街づくりの検討が行われた。

そこでのテーマは、街の賑わいづくりだ。エリア内に

アーケードがあるにもかかわらず人通りはまばらだ。

街の中心部にある都市公園はリ・デザインで変わる。

はそれぞれ集客力をもつ施設が立地しながらも、移動は車が中心のため街に歩行者が少なく、賑わい感が感じられない。この街が次にめざすものは、隣接する中央町商店街も含めて、かつてのような人が大勢集まる、賑わいにあふれた街の姿である。

中心市街地の回遊性創出は「都市公園」のリ・デザインで解決できる。

その中心的役割を担うのが、街の中心部を貫く都市公園だ。この公園は、芝生広場、休憩施設、噴水等のアメニティ施設等が設備されているが、利用者はあまり多くはなく、緑の景色を眺めながら車が通りすぎるといった状況である。この都市公園の空間と機能をリ・デザインすれば、東田の街の中心に大きな賑わいが生まれ、歩行者が大勢街を移動する新たな風景が創出される。これを実現するキーワードが、「都市公園法の各種制度」と「指定管理者」である。

元来、都市公園法で定められている各種の基準は、これまでの改正により緩和が進められてきているが、例えばもっとも根本的な基準である建ぺい率なども、地域主権改革第二次一括法により、国が全国一律で定めていた基準を地方自治体が条例で定めることができるようになっている。これに加え、都市公園法に特有の設置管理許可制度（地方自治体などの公園管理者以外の者が公園施設を設置管理できる制度）を活用することによって、地域の核となるように創造的な公園運営が可能となる。

例えば、市民や近隣で働く人たちが憩うためのカフェや野外ライブができる屋根付きの

地域市民による
イベントの様子。

広場、災害時には避難施設ともなる自立型の給水設備や発電設備を備えた可動型テントなどを、普段はピクニックやイベントに利用するなど、新たな価値を生み出すことができるのだ。

また八幡東田地区では、こうした計画を行政に任せきりにするのではなく、地元企業や地域市民が参加して進めている。八幡東田地区の街づくりにおいて中心的な役割を担うNPOでは、将来、指定管理者として東田の都市公園の運営に携わり、市民が求めるサービスを提供することをめざしている。

このように改正都市公園法と指定管理者を活用することによって、都市公園を高い魅力を備えた集客装置へと生まれ変わらせることができる。都市公園に大きな集客力が生まれれば、周辺の商業施設や既存商店街と結ぶ新たな歩行者動線を整備することで、街に新しい人の流れを生むことができる。

過疎化に悩む中心市街地は、近くに都市公園がないか確認してみてはいかがだろうか。そこから新たな街の賑わいを生み出すことができるかもしれないからだ。

公園施設（建築物）	建ぺい率（参酌基準）
建築物	2% 以内
休養施設、運動施設、教養施設、備蓄倉庫、災害応急対策に必要な施設	+10% 以内
休養施設、教養施設のうち ・文化財保護法の規定による国宝、重要文化財などの施設 ・景観法の規定による景観重要建造物	+20% 以内
屋根付広場、壁を有しない雨天用運動場その他の高い開放性を有する建築物など	+10% 以内
仮設公園施設	+2% 以内

都市公園法改正によって緩和された建ぺい率

大阪市中央区

Case study 07

Chuoku, Osakashi

民有地開放

アジール

市街地の刷新

街にオープンな空間を創り、賑わいを取り戻す。

民間が所有する土地を、広場として一般に開放してみる。道頓堀角座は、都市の空き地を暫定的に活用するモデルタイプだ。屋台が立ち並ぶ縁日のような、人が賑わう民間運営の広場が出現した。（馬場正尊）

街の衰退は民間敷地の開放によって解決できる。

江戸時代から道頓堀は上方演芸の中心で、そこには浪花座、中座、角座、朝日座、弁天座という「五座」と呼ばれる芝居小屋が並んでいた。角座は1970年代には1000人以上の客席を有す、まさに大阪の演芸と笑いの殿堂のような場所だった。その後、エンタテイメントの変遷とともに、角座という名所を引き継ぐ映画館として運営を続けていたが、2008年に解体

道頓堀商店街と連続する角座広場。

角座広場、店舗棟、劇場棟で構成されている。

され空地となっていた。この頃、道頓堀には他にも空地が目立ち、大阪・ミナミの中心にあって、空洞化が着々と進んでいた。

そんななか、かつて角座を運営していた松竹芸能が上方演芸の復興をめざし、この空地を本社と若手育成スクールを併設した劇場として暫定利用する話が持ち上がった。仮設・角座の復活である。

5年間のテンポラリーな劇場なので、建設費は削ぎ落としていく必要があった。劇場の基本構造は工場で用いるような鉄骨システム。その中に木造で客席や舞台を組み上げるというシンプルな方法を選択した。

新しい角座の特徴は街にオープンであること。劇場の中をガラス張りにして外から見えるようにした。劇場の活気や気配が街ににじみ出るようになっている。芸人たちがリハをしていたり、スタッフが舞台を建て込む様子が垣間見え、今まさに始まろうとする芝居を予感させる。舞台がはねた後は、観客とともにその余韻が広場に漏れ出る。ブラックボックスではなく、あえて街との精神・距離が近い劇場とした。劇場空間には独特の色気のようなものがあって、それは映像ではなかなか伝わらない。テレビの中に納まっていては感じとれない緊張感や臨場感を、広場にたたずむ人々に伝える工夫である。

ホワイエをつくる予算などなかったので、劇場を敷地の奥にセットバックし前面に広場をつくった。この青空の空地をホワイエと捉えることにした。

劇場前広場は飲食や休憩ができるホワイエと位置づけた。

「パブリックに開かれた空き地」という意味では公開空地に似ている。しかし使用に面倒な制限がある都市計画法上の「公開空地」ではなく、ただの「空き地」。私有の空き地を、勝手にパブリック化した広場である。

ハプニングがあってこその都市、街の変化のきっかけになればいい。

網の目のように所有境界が張り巡らされ、公共の場ですら行政の管理下に置かれがちな現代都市において、もはやアジールを見つけることは困難だ。しかし、そんな空間が神社の境内となり、演芸の場として人々を集め、そこに縁日や市が立ったメカニズムを考えると、劇場の前にアジール的な混沌の場をつくってみたくなる。道頓堀のど真ん中は、それに似つかわしい場所だと思えた。

所有概念が希薄で、曖昧な場所。「私有地のパブリック化」を、意識的に試すことで起こる出来事を見てみたかった。その場所が固定化された所有や管理から少し開放されることで、そこを使う人々によって空間はどう育つのか。

こうした意図で、空き地はオープンエアのホワイエであり、同時に道頓堀の実験的な私有公園となった。舞台の前後に一杯やってもいい。劇場に用がなくてもフラリと立ち寄ることも自由だ。広場も劇場と同じように街に開かれている。

さまざまな飲食の屋台が集まり、大阪の旬の食べ物が出る。例えば夏の夜風にあたりながら冷えたビールをぐっと飲む、冬にはストーブにあたりながら熱いスープを味わう。道頓堀のネオンを感じながら、喧噪のなかで過ごす時間をつくりたかった。

もしかすると、芸人が屋台で店員をやっていたり、突然コントを始めて居合わせた客を笑わせたり。ハプニングがあってこその都市だ。楽しむ側も、楽しませる側もごっちゃになった、さまざまなことが起こる、そんな笑いの広場になればいい。一年中縁日をやっているような空間。

オープン後、さまざまな想定外のことが起きた。パブリックであったはずの広場は店同士の領域争奪が起こり、店への行列が公道へ繋がっている。曖昧な領域には競争が起きやすいようだ。運営者は適度なルールの設定に苦心しているが、競争あっての都市だし、それが空間の成長でもある。角座広場では、まさに街の起源の縮図が展開されているかのようだ。

角座広場では、松竹芸能の芸人によるパフォーマンスや夏季のビアホール、ステージでの公演など、他企業と協同したさまざまなイベントが行われる。

東京都
新宿区

Case study
08
Shinjukuku, Tokyo

アート
若年層への訴求
イメージ刷新

アート作品が街に賑わいとコミュニケーションを生む。

アートやデザインで非日常の景観を生み出すことで、新しい来街者を呼び込み、街のイメージチェンジを図る。そこでのポイントは何か。新宿の事例から整理してみたい。（牧村真史）

街そのものを展示空間にして学生やクリエイターが街のイメージを変える。

新宿「クリエイターズ・フェスタ」は、アジア最大の歓楽街・新宿歌舞伎町を学生や若いクリエイターのアート作品によって、新たな回遊性の創出や街のイメージを変えようとする試みである。

元来、新宿歌舞伎町は戦後復興の庶民の娯楽の場としてコマ劇場がつくられ、新宿中村屋、紀伊國屋書店をはじめとする文化サロンや劇場、ジャズ喫茶、

早朝の人通りもまばらな歌舞伎町。ここを舞台に工事現場の仮囲いをキャンバスに、アートが街の印象を変えた。

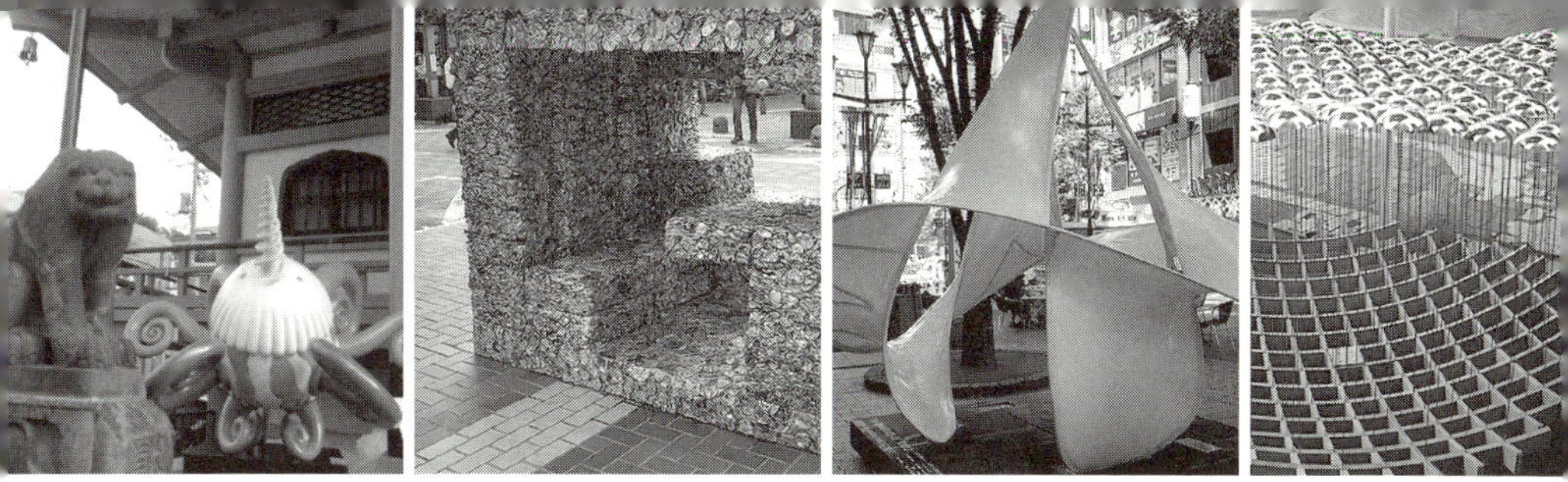

社寺や歩道に展示された学生の作品群。写真左から2番目は、歌舞伎町での消費金額を缶ビールに換算してプレスした座れるベンチ。右端は、触ると揺れて金属の響きあう音がコミュニケーションを生み出していた。

新宿ゴールデン街や花園神社の黒テントなど、長年、クリエイターや若者を惹きつけ、60年代〜80年代の東京の文化を牽引してきた。

また、新宿区は都内最大の75校の大学・専修・専門学校があり、早稲田・慶應・工学院・理科大などの大学をはじめ、ゲーム、アニメ、ファッションなどの専門学校など、クリエイターや建築家、デザイナーをめざす若者の街である。多様で先鋭的な文化集積とクリエイターの卵である学生、学校に特化したイベントとして、新宿駅から歌舞伎町の歩道や広場など街そのものをアート空間に2011年に開催、以後、新宿の一大イベントになっている。

初開催の2011年3月、東日本大震災・福島原発事故が発生した。新宿は日本全国、世界から人が集まる街であり、被災地の福島をはじめ東北の人も多く居住する。そこで、新宿から、新宿を訪れる人々と一緒に復興支援を呼びかけ、若い世代のメッセージを発信するイベントとして再構築することにした。

初年度のテーマは「繋がりの誘発」。街と人、人と人を繋ぐ発信装置として、学生コンペティション「空間デザイン部門」「デジタルアート部門」の2部門を核に展開した。オープニングイベントは、武蔵野美術大学の面出薫氏の研究室の学生による照明と身体表現「光と音のインスタレーション」。大震災で亡くなった人々の鎮魂を願う「光のオリベスク」や「サウンドインスタレーション」で構成され、学生バンドの「ライブステージ」も場を盛り上げた。また、新宿に本拠をもつ吉本興業や伝統芸能技術者団体の花伝舎の芸人や音楽家、アーティストやデザイナーにお願いし、被災者への応援メッセージやサインをあしらった「オリジナルTシャツの展示・オークション」などの新たなプログラムを再構築した。

本事業は会場となる新宿歌舞伎町商店街、新宿東口商店街をはじめ新宿駅から繋がる商店街や協賛をお願いした企業で構成する実行委員会を設立し、事務局を区役所の特命プロジェクト室、新宿ＴＭＯが担当して、総合プロデューサーとして私も参加した。

公共空間や公道を使用するイベントには、さまざまな制限や規則がある。本フェスタでは商店街の歩道や広場、公共空間、工事中のビル囲いの壁面なども展示空間としたため、道路管理者や警察・消防の道路占有許可や使用許可が必要で、地域の了承が不可欠だった。関連する商店街を巻き込んで事業やイベントを行うには、地元の同意が基本で、主催者の一員になってもらうことが開催成功のポイントである。

トップセールスの重要性とアートイベントのもたらす効果。

イベントや事業を行うには当然のことながら、予算がいる。主催者の新宿区の負担上限は１０００万円で、民間企業の協賛で事業費を賄うこととなった。

新宿クリエイターズ・フェスタは中山弘子区長（当時）の熱意で動き出し、区長自らのトップセールスで予算を獲得した。行政のトップセールスの強みは、相手方がゼロ回答をしにくく、他社を含めた共働へと話が広がりやすいことだ。同時にこうした交渉では、行政として直接言えることには限りがあり、私のようなプロデューサーが同行して、いわば役所の外部の人間が無理をお願

無機質な印象の高層ビル街や雑然とした通りも、展示されたアーティストの作品が風景を一変させる。写真は新宿住友ビル前の広場。

左端は、東日本大震災に寄せられたアーティストやクリエイターのメッセージＴシャツ。オークションで売り上げを寄付した。コンサートやライブペインティング制作など、参加者が多いこともこのイベントの特徴だ。

いすることも重要である。

世界最大の乗降客数を誇る新宿駅を保有し、南口の再開発にも積極展開していたＪＲ東日本に最初にアプローチを行い、ＪＲ東日本が旗振り役になり、各私鉄やデベロッパー等も参画いただいた。併せて新宿を代表する流通やメーカーなどから４０００万円以上の協賛を得ることに成功した。

第一回の新宿クリエイターズ・フェスタは全国から延べ68校、５８０名強の学生が参加し、「新宿モア４番街」「新宿歌舞伎町通り」「新宿シネシティ広場」「新宿区立大久保公園」「新宿ハイジア」など、歌舞伎町を中心に歩道や広場、ビルを会場に多様な街の空間で開催された。来場者も会期８日間で、延べ25万人にのぼった。

アートイベントが街にもたらす効果は以下の５点が挙げられるだろう。①日常の街にアートを置くことで新しい空間のイメージを誘発し、作品を媒体としてコミュニケーションを促進する。②作品を点在させることで、展示作品を繋ぐ線を生み出し、回遊動機と賑わいを創り出す。③街が多様な価値を受け入れるというメッセージを発信する。④街の新たな担い手を生み出す。⑤消費を促し、地域経済を活性化する。

初開催の翌年、２０１２年からは、草間彌生、河口洋一郎、椿昇ら著名なアーティストや注目の若手アーティストなどの多彩な作品展示やワークショップを展開。会場も歌舞伎町から新宿通り、新宿西口の超高層ビルの広場やオフィス街のロビーなどへ拡大した。その後も継続して開催され、２０１６年には新宿駅を中心とした範囲から神楽坂、落合といったさまざまな相貌をもつエリアへ拡大し、今や新宿のアートイベントとして、映像や、子どもや学生のワークショップなどを通して多様なファンを獲得している。

東京都
杉並区

Case study
09
Suginamiku, Tokyo

新コンセプト商店街
メディアミックス
体験型

鉄道高架下をアニメストリートに。

モノを売るのではなく、情報を発信する。
東京・阿佐ヶ谷の高架下に生まれた商店街は
リアルメディアとして新しい地歩を築こうとしている。（鴨志田由貴）

新しい「発信型商店街」で来街者を呼び込む。

商店街と言えば、衰退の一途を辿っているという印象をもたれる方も多いだろう。しかし、正確に言えば全国の商店街の数は1万4989（平成24年度中小企業庁調査）で、3年前の調査より7%増加。地方の近隣型商店街が減少し、大都市圏の超広域型商店街は増加しているのが現状だ。

この数字からもわかる通り、消費者が求める生活用品はスーパーやコン

今まで利用されていなかった鉄道高架下が生まれ変わる。

有線放送でアニメストリートchを開設し、ストリートに来た人の投票が、ゆくゆくは年末の有線放送大賞アニメソング部門で反映される試みも始まった。

ビニエンスストア、ドラッグストア等で充分であり、eコマースでの購買率も上昇している現在、どこにでも手に入る「モノ」を近隣型商店街で購入する理由がなくなってきている。

このような状況で近隣型商店街を活性化するにはどうすべきか、という30年以上前からの命題を解決するためのヒントを、東京都杉並区の阿佐ヶ谷に新しい商店街を創った例を挙げて紹介してみたい。

阿佐ヶ谷は、JR中央線で新宿駅から約7分の阿佐ヶ谷駅を中心にした杉並区の街である。駅周辺には飲食店が密集し、商店街も多く、学生や単身の社会人に人気がある地域だ。

その阿佐ヶ谷には14もの商店街があるにもかかわらず、「JR中央線の高架下を利用して新しい商店街を創ってほしい」という依頼が、私が経営する作戦本部株式会社にあった。

新しい商店街を創るうえでまず考えなければならないのは、すでに地元住民に受け入れられている既存の商店街とどのように差異化するかということだった。

そもそも都内在住の人でも、わざわざ阿佐ヶ谷を訪れる人は少ない。まず私たちがやらなくてはならないことは「阿佐ヶ谷の認知度向上と途中下車してもらう動機付け」であり、常にイベントや情報発信を活発に行うことだった。そこで私は、この新しい商店街を、発信型商店街＝リアルメディアとして運用していこうと思ったわけだ。

リアルメディアという発想は、地元の各商店街会長の皆さんにも好意的に受け入れていただいた。その理由は、通常、都内における既存商店街の商圏は半径500メートルと言われているが、私たちが今回創る商店街は、テーマパークと考え方は

閉塞的な暗い高架下を外装で白く明るく統一した。

近い。テーマ型商店街のメリットは、今までと異なる来街者の増加が見込めると思ってくれたからだろう。

そしてそのテーマに選んだのは「アニメ」。こうして「阿佐ヶ谷アニメストリート」はスタートした。

リアルメディア化、そして体験型商店街へ。

実際に動きはじめるとさまざまな課題に直面した。

まずは、テナントの誘致だ。ＪＲ中央線の高架下に設けられた敷地は10坪と20坪の２種類の箱が基本のパターン。出店する企業が売り上げを重要視したら小さすぎる。

実際に企業と話をした際に、「全部借りればいいですか?」という声もいくつかあった。そこで考え方を変えてもらい、「ここで試行したことを他でどのように活用し商業ベースに乗せることができるか」という、実験施設やコンセプトショップ等として活用してもらう方向で話を進めていった。

次に、商店街としてのイベント開催が非常に困難だった。多種多様な店舗、従業員数も異なり、開店時間も違うなかで、すべて合議制で行うために、意思決定までに異常に時間がかかる。また、他の区との連動が非常に難しく、実際に鉄道事業者とのバウチャー券の発行を他区と連動しようとして動いたが、残念ながら広域観光を考えられるところがないので進んでいない。

さらに、商業施設新設に伴う杉並区自転車条例による自転車駐車場附置義務があることで、阿佐ヶ谷駅から「阿佐ヶ谷アニメストリート」までの間、暗い駐輪場を通らなければならない。本来であればイベントスペースを設け、モニュメントなどを置いてアイコンとしての活用をしたかったのだが……。

一方、商店街をリアルメディアとして活用するには他メディアとの連携は不可欠だ。「阿佐ヶ谷アニメストリート」では、大手新聞社×作戦本部で、オタクコラムメディア（テキストメディア）をつくり、大手ショッピングサイト×作戦本部でインターネットラジオch（音声メディア）を開設した。

また各種イベントを精力的に行い、「阿佐ヶ谷に来るとなんか楽しいな」という新しいリアルメディアを創出し、今現在、リアルメディアとテキストメディアと音声メディアのメディアミックスをしている夢の途中である。

ネットで安くモノが買える時代に、モノだけを販売する商店街を創っても仕方がない。「阿佐ヶ谷アニメストリート」は常に何かを体験でき、毎回新しい顔を見せ、進化し続ける体験型商店街をめざすことで、多くの消費者に飽きずに来てもらえるようになると思っている。

イベントともなれば、若者たちが思い思いのファッションで集う。

京都市
伏見区

Case study
10
Fushimiku, Kyotoshi

団地再生
世代の混在
マイナスをプラスへ

古い団地ならではの良さを魅力的に再生する。

敷地や共有部分に余裕のある古い団地の良さを活かしつつ、最小限の設備投資で再生させる。多世代を引き寄せるプランニングが重要になる。（馬場正尊）

リノベーションによる老朽化団地の再生。

京都市伏見区にある観月橋団地再生プロジェクトのミッションは、団地フォーマットの再構築と新しい住み手に空間を届けることだ。

もしかすると建て替えられるかもしれなかった団地は、人口減・低成長に歩調を合わせるように活用をせざるを得なくなった。しかしそれは必ずしもネガティブなことばかりではない。現在の中所得者向けの集合住宅は高いレ

改修後の団地外観。壁面のサインが新たにデザインされた。

土間型プラン。南北に抜けた開放的なつくり。

ンタブル比や容積率を使い切ることがアプリオリに要求されがちで、余裕のある住棟配置やプランニングが難しい。60年代に建設された団地の多くは、空間のいたるところにたっぷりとした余裕を残したままだ。その時代を背負った躯体が、私たちの世代にそのまま手渡された。

団地再生を行う作業は、50年前の設計思想と対話をしているような気持ちになる。このプロジェクトを手掛けるようになって、たくさんの団地を見て回った。もちろん基本的な仕様は類似しているが、所々に担当設計者のクセや感性、ちょっとした工夫、そして時代性が垣間見えるのが面白い。

住設機器の機能性やスケールには大きな誤差が生じている。60年代団地フォーマットには冷蔵庫や洗濯機置き場、脱衣室などは存在しない。そもそも日本人の平均身長が約10センチ伸びているからスケーリングにずれが生じている。団地室内に入ると自分が大きく感じる。それらは現代に合わせて補正していく。もしくは小さいことを活かしてこじんまりまとめる。

家族形式の変化を改めて感じながら、既存の間取りと向き合うことにもなった。端にあったキッチンがコミュニケーションの中心に移動し、水回りの比率が増大、プライバシーの調整手法がポイントになっている。プランは家族の様子を浮き彫りにする。

変わらないのは両方向に抜ける窓の開放感や風の通り抜け方、近隣との近くもなく遠くもない絶妙な距離感。これらは団地フォーマットの普遍的な価値だ。時が周回してコミュニティやエコロジーに新たな役割が期待されようとしている今、この開放感と距離感に再び意味を帯びさせることもできる。

設計や工事を進めるプロセスも、団地再生ならではだった。住んでいる人を追い出すわけにはいかないので、既存住人はそのままで、虫食い状に空いた部屋をバラバラのタイミングで、一つずつ改修していく。このプロジェクトは今後の団地再生のプロトタイプを提示することだったので、他への展開・援用可能性が重視された。改装する住戸数が多いので、大きめのプロダクトをつくる感覚に近いかもしれない。

工事費が家賃にそのまま跳ね返るから、できるだけ家賃を安く抑え、マスマーケットにも受け入れられるようにしたい。ディテール、部材やパーツの標準化や汎用化を徹底的に図った。一戸当たりの改装費はかなり安い。

多世代が住まう団地。その魅力を伝えるメディアも制作する。

もう一つのミッションは、新しく団地に住む人々の像を再び提示すること。現在、高齢化が進んでいる団地が多い。私たちがやりたいことは、世代の混在を進めることだ。エレベーターがないから、4、5階に高齢者はきつい。一方、若い単身者は眺めがいい方が開放感があるだろう。子育て世代には住棟間の共有空間は最高の遊び場だ。

世代によって団地の魅力は角度が違う。それをプランで顕在化させ、しっかり社会に伝え直すことも必要だ。偏りなくさまざまな世代が交代しながら流動的に住む状況をつくることが、巨大なUR賃貸団地群にとっては大切なことだと、たくさんの団地を見ながら再認識した。空間だけでは完結し得ない、人々の営みに対してどこまで設計者が貢献できるか。それを問われたプロジェクトでもあると思う。並行してつくった「団地R不動産」のようなメディアも具体策の一つだ。

しかし、これらの試行錯誤は50年前に団地をつくった人々が向き合ったことと、実はそんなに変わらないのかもしれない。その時代の生活のリアリティと向き合っていること、それは時が経過した団地からもしっかり伝わってくる。半世紀前の設計者たちから、躯体というバトンを渡されたような感覚でこの仕事を進めた。

アイランドキッチン型プラン。
壁を取り払い、引き戸による間仕切りとした。

和室２室と台所の既存壁を取り払い、リビング・ダイニングとした。

愛知県
名古屋市

Case study
11
Nagoyashi, Aichi

公共空間

市民資産として

民間投資の促進

民間資本の導入で都市公園の新たなモデルへ。

平成24年の都市公園法の運用指針改正や新たな法改正を視野に、幅広い民間事業者の参画を促し、名古屋の未来の街づくりに向けた拠点として久屋大通公園の活用に動き出した。（牧村真史）

都市機能としての公園、市民財産としての公園のあり方を問う。

2027年度のリニア中央新幹線の開業による、名古屋大都市交流圏の拡大を睨み、名古屋市では名古屋駅地区と栄地区の2拠点の魅力向上に向け再整備が進められている。

そうした動きのなかにあって、久屋大通公園は、社会的ニーズや都市ニーズから公共空間の新たな活用を求められていた。

集客と周辺の経済効果を生み出す賑わいを生む公園へ。

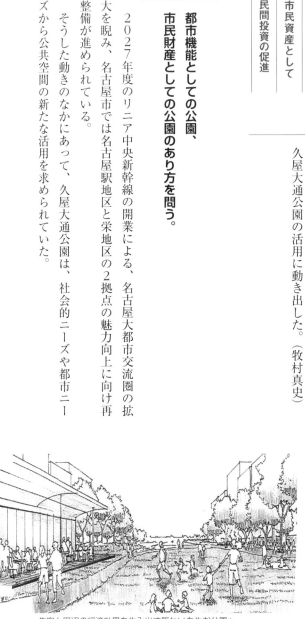

都市公園の機能を果たしていない久屋大通公園が、今、生まれ変わろうとしている。

久屋大通公園は、栄地区を南北に貫く1・8キロメートルにおよぶ都市公園で、戦後復興事業の100メートル道路の中央分離帯として設けられ、年々植栽や緑地などが整備されて、昭和29年には中央部に公園のシンボルとなる日本初の集約電波塔としてテレビ塔が完成した。40年代に入ると、久屋広場やエンゼルパーク、姉妹友好都市広場など多様な広場も設けられ、公園地下にはセントラルパーク地下街や駐車場が整備された。それらは現在、市民の憩いと賑わい空間でありながら、普段は人影もまばらだ。

南北に長い公園は、「北エリア」「テレビ塔エリア」「南エリア」と道路で分断され、中央分離帯としての役割もあったことから、両側を各4車線の道路に挟まれ、沿道の施設やビルと孤立した感があり、地下街との動線がわかりにくく、一体性が乏しい。加えて、戦後に植えられたクスノキや時代ごとに植栽された草木がうっそうと茂り、久屋大通の景観を損ねるだけではなく視界を遮断して、人々が集い、賑わい、交流したり憩うといった本来の都市公園の機能を充分に満たしていない。防災避難広場としての機能も危うい状況で、いわば名古屋の一等地に幅60メートル全長1・8キロメートルの大空間が不良資産化している状態だったと言えよう。

名古屋市は「栄グランドビジョン」で、久屋大通について「公共空間の再生」「民間再開発の促進」「界隈性の充実」という3つの再生方針を定め、2016（平成28）年5月、「久屋大通再生有識者懇談会」を設置。この大規模公共空間の大胆な見直しとともに、再生へと動き出した。

懇談会は、名古屋都心部のシンボル的な久屋大通再生に向けて、6名の有識者で構成された。委員は交通・都市計画・観光・街づくり・空間デザイン・イベント等の幅広い6つのジャンルか

●再生の視点

名古屋駅←→名古屋城←→久屋大通←→大須を周遊するルート化

伝統歴史を背景にした祝祭創出都市 CREATIVE CITY ＝「つくる」から「つかう」へ

2 次元から地下・地上・空間の 3 次元の空間活用＝民間参画とエリア・マネジメント

街全体が一体的公園をめざした沿道街区との連携

ら専門家が招聘されている。

同年5月30日に第一回の会合を開催。座長に中村英樹 名古屋大学大学院環境学研究科教授（交通）、民間事業者の監理・調整を担う総合プロデューサーに浦井史郎 東京都市大学環境学部教授（空間デザイン）を選出した。その後、従来の有識者懇談会にありがちな識者の意見を求めるだけに留まらず、事業化へ向けた実践的な議論検討の場として2017年2月までに5回の会合を開催し、提言書がまとめられた。

第一回目の会合では、浦井史郎委員の「久屋大通の4つの課題と4つの方向性とその視点」の取りまとめとプレゼンテーションを基に進められ、各回ごとに空間活用の具体的な展開の可能性、現車道の公園的な回遊園路化への整備と活用方法、視界と空間を遮断する樹木の整備、魅力的な集客・収益施設の導入、民間活力の導入手法、エリア・マネジメントなどの導入による収益を生み出し再投資を促すスキームなど、各委員の専門領域の視点から具体的事例の提示や意見交換が行われ、議論が大都市圏の都市公園活用の新たなスキームの提案書となった。

公園と道路・地下商店街を一体的に捉え、収益施設・事業を導入し、民間投資を活発化する。

平成16年の都市公園法の改正、平成24年4月の運用指針改正により、都市公園は各自治体が都市を取り巻く社会環境の変化や市民ニーズに対応し、積極的に都市資産・市民資産として活用することをほぼ自由に行うことが可能になった。

● 4つの課題とめざす方向

1　道路による街の分断	→ 車から人へ、人が主役の「ヒューマンタッチ」な街づくり
2　賑わいや魅力の低下	→ 集客と経済効果を生み出す賑わいの創出
3　求められる公園機能の変化	→ “使う”公園へ、「名古屋駅」と「久屋大通」の機能分担
4　行政と民間の連携不足	→ 行政・市民・企業の価値共有と協働プラットフォーム構築

都市公園の本来的機能を保てば建ぺい率の拡大や、地下、空中空間の立体的な活用をはじめ、社会性・公共性の高い都市機能施設が設置できる。10年間の施設運用、ＰＦＩによる民間事業者の事業投資を促し、公園管理者・施設管理者に市民団体や一般企業からの参画も可能である。さらに２０１７年度に創設が見込まれる「Park - PFI」では、収益施設と公共部分の一体整備や施設設置期間の大幅延長、財政支援なども検討、都市公園の活用促進が期待されている。

私たちリパブリック・イニシアティブでは、公共空間、都市空間、都市施設の活用について、その課題と提言をこれまでオープンフォーラムや広場研究会、大学との共同成果報告会等を通して問うてきた。また、メンバーの多彩な活動を通して実践を図っている。その理念を、私自身は今回の「久屋大通再生有識者懇談会」のメンバーの一人として参加することで、寄与提言したいと考えている。

この懇談会の提言は、民間資本導入による名古屋の新たな都市空間のあり方を示すものである。久屋大通公園の再生を中心として、大通沿道の空間を一体的に捉え、エリアとしての賑わいやバリューを高めるものになるだろう。この提言が、都市と都市公園の新たなモデルを生み出すことに期待したい。

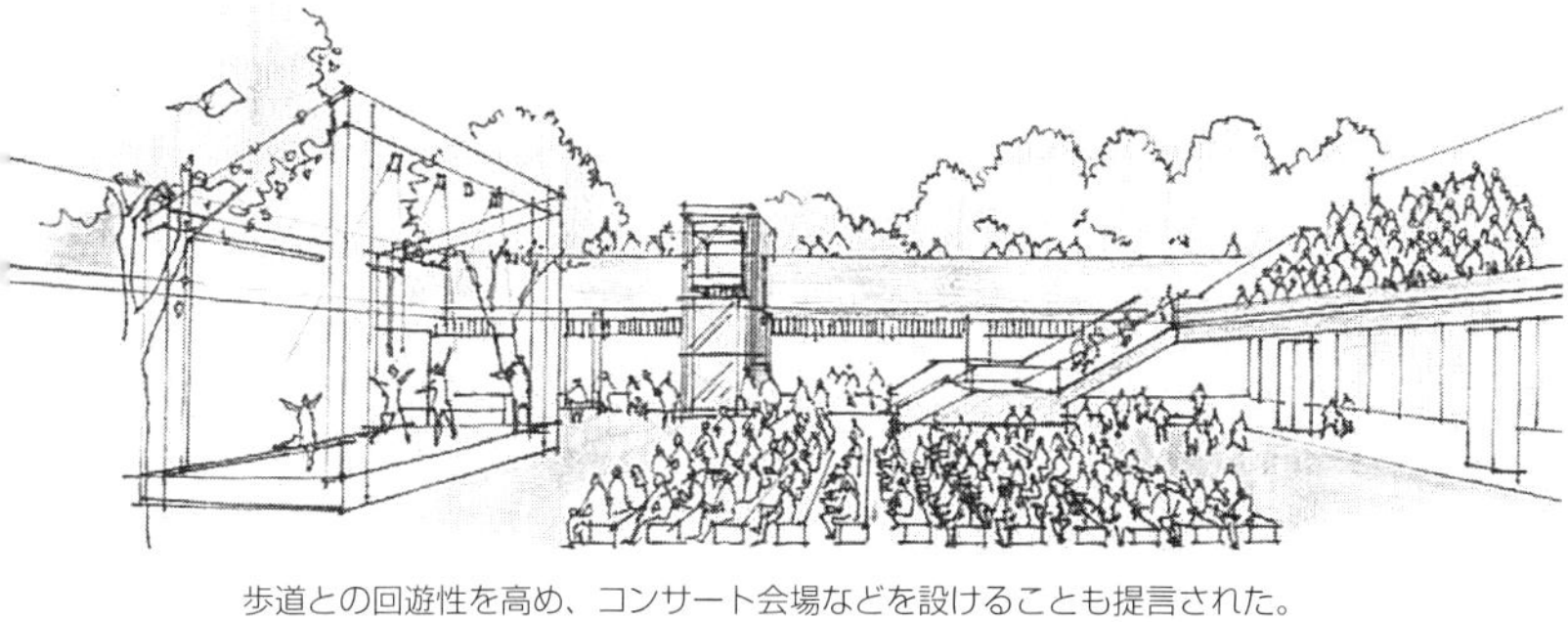

歩道との回遊性を高め、コンサート会場などを設けることも提言された。

兵庫県
神戸市

Case study
12
Kobeshi, Hyogo

商店街の活性化
回遊性向上
滞留する工夫

滞留と回遊と人々の流れを変える「ヨルバル」。

つい3年前までは人々が通過するだけのアーケードだった三宮センター街。今、多くの人の賑わいで明るく輝く夜の社交場になった。その変貌はいかに実現したのか。その一端をレポートする。（槻橋　修）

流れていく歩行者を滞留させる川の中洲のような「屋台プロジェクト」。

神戸・三宮センター街は、三宮の駅前のフラワーロードから始まり、本町、旧居留地、ハーバーランドへと神戸市都心部の回遊性の拠点として、休日には5万人の歩行者が流動する。

２０１４年に阪神淡路大震災から20年を迎え、２年後の２０１６年には創立70周年を控えて、神戸・三宮センター街一丁目振興組合の理事たちは大

人々が周辺の飲食店街に流れる。新しい回遊性が生まれた。

気運醸成のサブリミナル効果を狙い、「屋台プロジェクト」のロゴを各所に配した。

きな課題を抱えていた。阪神淡路大震災ではアーケードが崩落し、血のにじむ思いで復興の日々を駆け抜けてきたが、同じ時期に周囲で次々と刷新されていく商空間のトレンドを横目に見つつ、目の前の人々の大流動をどうやって沿道の商店で買い物をしてもらうか、いかにして次世代にバトンを渡していけば良いのか、と頭を悩ませていた。

２０１１年、「神戸のことをみんなでやろう」という合言葉で結成したLAB@KOBEが、センター街と協働する形で5ヵ年計画「SANNOMIYA2016」プロジェクトを開始した。そのとき私は、神戸を拠点に新しい動きを始めていた萬田隆、島田陽、畑友洋といった若手建築家たちや、神戸大学の学生たちとともにプロジェクトに参画させてもらう機会を得た。

プロジェクトでは、海に近く、山にも近く、おしゃれなイメージがもたれている神戸の都心部として、「親自然型オープンモール」による人々の回遊性の向上が当面のビジョンとして設定された。しかし、大きな意味で「イベントとしての都市」をコントロールしていくことは難しい。つまるところ「やりながら考える」しかないのである。

目の前に流れている速い人々の流れを「川の急流」に見立て、その流れの中に「中洲のような場所」として滞留空間を挿入することで、通過空間が滞留空間になる。

街で過ごす人々の意識が変われば見えてくる風景も変わってくるだろう、という思いで始めたのが「屋台プロジェクト」だった。

三宮ヨルバル HP ロゴ
http://yorubaru.kobe-sc.jp

アーケード全体へ「三宮ヨルバル」がスタートした。

大規模店舗であれば、変化する顧客ニーズに合わせてテナントミックスをマネジメントできるが、商店街ではそうはいかない。家主、店主が自ずから変わろうとする気持ちを刺激するような風景を創る必要がある。三宮センター街の場合、震災後に再建された３００メートルの大きなアーケード空間が、駅から至近にあることがこの場所の最大の魅力である。公道であるこの空間が「雨に濡れずに通れる場所」から「雨に濡れずに過ごせる場所」へと人々の意識が変わるだけで、商空間としてのポテンシャルは上がる。

夜20時以降、ほとんどの店舗が閉店した後の深夜までの時間帯に出現する、私たちが提案したベンチスペースを「屋台プロジェクト」と名付けた。ベンチスペースの間に、年に数回の休日に物販屋台が生まれるだけでも、それはテナントミックスの擬似的な実践として街の人々の目には映るのである。

繰り返しているうちに、センター街の店舗のなかからも出店したいという要望が次第に寄せられるようになった。これも一つの街づくり的な参画と位置付けられるだろう。実験開始から1年ほど経った２０１５年、街の若い衆から嬉しい変化が起こった。センター街に留まらず、都心界隈で事業をしている若手を中心に企画が育てられ、ついにアーケード街全体を使って閉店後の時間を定期的に楽しむ「三宮ヨルバル」が始まったのだ。20時以降のセンター街に地元のケータリング屋台が並び、道路ほぼいっぱいに、人々の

屋台プロジェクト ver.1 2013 夏。ベンチはレンタル品を使用し、毎晩撤去の必要があった。

" 神戸三宮の夜はなんかおもろい " が主催する街衆グループ「コネクト神戸」の合言葉。

笑顔と笑い声が充満する風景が現実のものになった。屋台には行列ができ、料理にあふれた人たちは周辺の地下街や隣の筋へとあふれ出す。当初実感されにくかった新しいタイプの回遊性が、この場所から生まれたのである。主催した若手事業者たちは、自分たちが街を変えていく可能性の中心にいることを共有することができ、さらに次のステップへ向けて、ビジョンの再検討に入る動きも生まれはじめた。

民間事業者が横に連携して行うので、ヨルバルで無理な売り上げを課す必要はない。これまでになかった地域資源の新たな創出の現場を目撃した人々は、その潜在的な価値の高さに自ずと気づくのだ。ビジョンを立てて「やりながら考える」ことで、コモンズとしての共有資源の価値は上げられるのである。

メンバー座談会◎

「街直し屋」という協働のスタイル。

本書のタイトルにつけた「街直し屋」とは造語である。この言葉に込めた意味や想いを書籍プロジェクトの初動に立ち会ったリパブリック・イニシアティブのメンバーが振り返る。ここから新たな街づくりの協働が生まれることを期待しつつ。

そもそも「街直し屋」とはいったい何?

石川　今さらな感じがしないでもないけれど、なぜ「街直し屋」という書籍のタイトルにしたのか、たまたま今日のメンバーが書籍プロジェクトのスタートに関わっていたので、最初にそこを振り返りつつ始めましょうか。

下川　確か「街崩れが始まっている」みたいな話が出て、街崩れとは今までなかった言葉で、でも起こっているという……。

石川　そうそう。でも、「崩れ」だとマイナスに向かっているイメージだけど、それをどう解決するかという意味をもたせたい。そんなところから「街直し屋」

という表現になったと思いますね。それに我々のメンバーは職能・職種ではくくれない、いろんな職業の人間が集まっている。地域に関わる立ち位置がしっくりしたのか、皆も「ああ、街直し屋だよね」とすんなり決まった。

下川　街づくりを専門にやってきた人でなくとも、いろんな人が街直し屋になれる。自分は何のために建築家を、あるいはデザイナーをやっているのか？という「何のために」の部分と深く関わっていて、いろんな専門家やクリエイターが街直し屋という気持ちで取り組めるのではないか、そんな風に思いましたね。

鴨志田　街づくりという、なんとなく一からつくっていくイメージに対して、そもそも地域資源があって、それを活かせばいい。だから街直し屋というタイトルが、みんなぴったりきたんじゃないかな。

石川　街づくりは、デベロッパーが大勢の人間を使って大きなお金を動かす大企業の仕事。それに対して、限られた予算のなかで自分たちでやるのが街直し。洋服のお直しに似ているんだよね。新しい服を買いに行くのではなく、愛着があるから手を加えてリメイクするみたいな。

鴨志田　それで、とことん相手の話を聞くでしょう？何をどうしたいのか。

石川　お客さんとのコミュニケーションがキーになる。

下川　地方の食品や工芸品で、売れないから今風の新しいものをつくろうとすることが多いけれど、限られた予算のなかでは、その物の良さを伝えることに投資をするのが一番効率がいいこともある。洋服のお直しで言えば、染め直すとか刺繍を施すとか。そういう面でも、地方と我々のような街直し屋とは、相性が良いと思います。

石川　ただ、街直しと言った時に、修理と受け取られないようにしたい。ありがちなのは、「昔はもっと○○だった」「昔はもっと……」という話。だけど必ずしも昔に戻す必要はない。今を原点に新しい未来を創る。その意味でもリメイクという発想が大事かな。

街直し屋としての役割と仕事のスタンス

石川　今回、メンバーの原稿を読んで面白かったのは、文体が一人称でもなく三人称でもないこと。事例について、自分が明確に関わっているけれど、「私はこうした」という一人称ではなく、主体はあくまでも彼ら。しかし、「彼らはこうした」という三人称でもない。一・五人称というのも変だけど、僕らの職業的な立ち位置が象徴的に出ている気がした。

下川　それはチーム仕事だからじゃない？　主語をあえてつければ「我々は」とか「我々のチームは」となるのを、省略して書いている部分が多いのかな。

鴨志田　気持ち、抑えているところもありますね。一人称でわぁーっと語れちゃうところを、あえて言わず、少し視点をずらして見るみたいな。

石川　相手の立場に寄り添うスタンス。少なくとも日本の社会では「俺が、俺が」では、この仕事は成り立たないから。

下川　お手伝いなんですよね。私が解決するわけでなく、問題を抱えているのも解決するのも地元の人だけど、その解決方法をサポートしたり、過去の経験から「こうしたらどうですか」と提案するという。

石川　SNSのお陰もあってか、この10年で変わったなと思うのは、皆アイディアを臆せず言うようになったでしょう。それで、自分たちのことだからアイディアはお客さんの方がたくさんもっていて、それをプランにしていく、アクションにしていくプロセス＝つなぎが、我々に期待されていることだと思いますね。

鴨志田　アイディアは出てくるけれども、言い切れる人はあまりいなかったりするので、言い切る役割として僕はいるのかな。

石川　それがよそ者の役割だよね。ある意味、重要な。アイディアをワーッと出して、みんなで意見を出し合って再編集する。プロセスを共有してプランをつ

石川 勝（いしかわ・まさる）
株式会社シンク・コミュニケーションズ代表取締役、詳細は、181頁参照。

くるのはすごく大事でしょ。

下川　とにかく議論を重ねてアイディアを出したりという、そんな機会を初期段階でもって、もんでおかないと、この土地から湧き上がったものにならない。一見無駄に見えても、やっておけば皆納得できるし、クリエイターも思い切ってジャンプできる。その下地づくりですよね。

ソフトが問われる「交流人口」という視点

石川　街づくりと言った時に、どうしてもハードのイメージが強いけれど、ソフトの部分が重要で、街直しの本丸は「活力」にあるんじゃないかと僕は思うんです。

鴨志田　活力って、つまるところ定住人口が増えることかな、と僕は思っていて、日本の人口が減っている時に、どう増やすんだよ、というのはありますけど。

下川　確かに定住人口が増えれば街は活性化するでしょうけれど、人が減ることによってチャンスが増えることもありますよね。例えば百貨店の売り上げが下がって、そこのナショナルブランドのテナントが出て行く。空き地や遊休スペースが生まれる。

鴨志田　それで、地元の人たちが新しいビジネスを始めたり、今までできなかったことにチャレンジできる、ということですね。

下川　そう。今までは買い物に行く場所だったところが、生産の場や交流の場になるかもしれない。そういうところで活力は生まれてくるだろうから、それらを可視化し、ビジネス化、システム化していくことが大事ですよね。

石川　定住人口に限らず、交流人口が増えても街は変わるよね。

下川　そう思います。有田焼の大きな窯は、以前は150人くらいが働いていたけれど、今は20人くらいになって遊休スペースがたくさんあるわけです。使

下川一哉（しもかわ・かずや）
株式会社意と匠研究所代表、日経デザイン・前編集長 。詳細は、182 頁参照。

えるのに人が使ってない機械だとか。それを今、アーティスト・イン・レジデンスとして昔の女子寮だったところを宿泊施設に、月20万円程度で機械も使えるようにしています。

石川 その街に一定期間住みついて、地元の人たちと時間を共有するわけですね。

鴨志田 交流人口で街を活性化する、と。

下川 単に事業者の収入だけではなく、焼きものであれば土や釉薬も買うわけで、産地の生態系とも言うべきものを保つうえでも有効だろうし、当然そこに住んでいるのだから消費もする。経済波及効果では、観光とは異なるメリットがあると思います。

鴨志田 伝統工芸が廃れてきていると言われるけれど、産地にしても職人さんにしても、クリエイターを呼び込んだり言語化＝伝える努力をしてない気がするけれど。

下川 それはコミュニティの一員になれば、職人さんが見てくれたり、地域の技術センターみたいなものもあったり、学ぶ機会はあると思いますよ。

石川 ホームステイや生涯学習とかも考えられますね。定年後に大学に入り直す人もいるし、地方の伝統工芸に興味をもつ人も増えていますから、そこに住みつつ、実際に体験して学ぶことができれば、人気が出てきますよ。

下川 出ますよ。ただ、やりたい人はたくさんいても、受け入れる仕組みがない。有田にも世界中から芸術家が来ているけれど、地元のサポートはまだまだ不充分で、街直し屋みたいな視点で取り組めば、ずいぶん変わる可能性があります。

石川 空き家などの中古住宅の流動性が高まれば、きっといろんなことが活性化するだろうし、一部の自治体が挑戦しはじめているけれど、そのためにはソフトが重要になってきていますよね。

得意分野をもった多様な街直し屋が増えればいい

下川 昨年、ニューヨークの生活雑貨の展示会でバイヤーにアンケートをとったんですが、面白かったのは、職人の技よりも、それが生まれた歴史や産地が育んできた物語を知りたい人が多いこと。

石川　ヨーロッパでも同じ反応がありました。

下川　さっき鴨志田さんが伝える努力をしてない、と言ったけれど、僕たちはよそ者だからこそ、物語を紡いだり物語性をもたせることができるという側面はありますね。

鴨志田　地元の人にとっては当たり前。「お見せしたり、お話しするようなことはありません」とかなんとか（笑）、気づいてないことが多いですよね。

下川　そう。物語は必ずあって、それをどう見せるか。コンテンツが重要で、今、注目されているのは動画です。最近、映像制作会社もサポートしはじめています。

石川　産地に飛び込んでくる人を受け入れると同時に、自分たちも海外であれ相手の市場に飛び込み、その良さを伝えようとする姿勢も重要でしょう。

下川　その時、街直しをする主体はその土地にいる人たちだけど、専門領域でサポートするのが街直し屋の仕事。これからいろんなバックグラウンドをもった人が、自分の経験やメソッドを使って街直しに参加してくるようになればいい。

鴨志田　最後にまとめるならば、僕が街直し屋としてやっているのは答えを出すというより、地元の人たちに議論をたきつけること。そこからストーリーやアイディアを実現する熱意も湧いてきますからね。そのエンジンになりたいと思っています。

石川　我々だけでなく同じような仕事をしている人は、たくさんいると思う。でも、まだ街直し屋のような相手と仕事をしたことがない人も多いだろうから、この本が「こんなやり方もあるんだ」というヒントになればいいですね。

鴨志田由貴（かもしだ・ゆうき）プロデューサー。作戦本部株式会社代表取締役。詳細は、182頁参照。

ケーススタディ

第3章 地域再生

山口県周南市

Case study 13

Shunanshi, Yamaguchi

異業種連携
就労支援
伝統芸能の継承

地域所得を高める共創プロジェクトを行政が支援。

異質な組み合わせが、イノベーションを産む。連携価値を創り出せ！　住民活動×自治会×企業×学生×……×……。地域チャレンジを応援すべく山口県周南市が推進する共創の試み。（宮本倫明）

経世済民マトリックスで「地域づくり」の目的を見直してみる。

そもそも、地域づくり、街づくりとはいったい何だろう？

私自身、30年も前から博覧会などの地域振興イベントの企画・プロデュースに携わってきたが、「地域創生」というスローガンが叫ばれる近年、改めて感じつつあることがある。ひと昔前は、地域おこし、街おこしとも呼ばれ、現在の「地域創生」へと繋がる一連の文脈の共通点は、『地域所得』という

周南市共創プロジェクトのポスター。

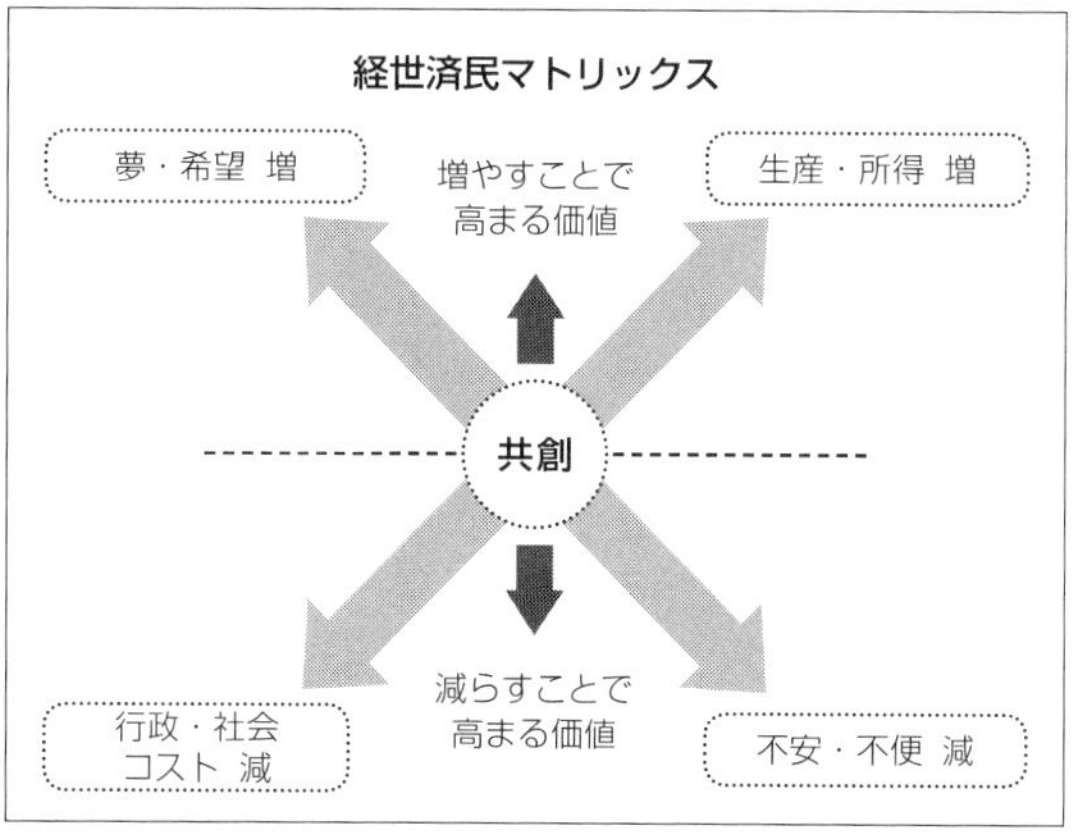

地域づくりを考えるモノサシとして作成したマトリックス。

概念が通底しているのではないかという想いである。

地域づくりにボランタリーに関わる人々から、地域づくりは「金じゃない」「儲けは二の次」という言葉をよく耳にする。確かによりよい地域づくりの活動がめざすものは、経済的価値の創出とは無縁のものが多い。自然を守りたい、障がい者の働く場をつくりたい、犯罪者の更生を手助けしたい等々。地域に深く関わっていくと、そうした経済原理では割り切れないさまざまな活動に、実に多くの地域住民が日々心をくだいている様を目の当たりにする。

では一見、経済活動と無縁に見えるこれらの活動は、地域づくりではないのか？ 経済に影響を与えていないのか？ さらに推し進めて、このような活動に光をあてつつ、地域の経済活動も同時に活性化する手法はないものなのか？

そこで、新たな「モノサシ」の必要性に思いが至り、中国の古語からなる「経済」の語源『経世済民』の言葉を借りて、『経世済民マトリックス』という概念をつくってみた（上図参照）。

図の「経済軸」はまさにお金で直接測ることができる活動領域を指す。「社会軸」は金銭で直接的には測れない活動領域。中央横点線から上は〈増やせば増やすほど価値が高まる〉もの、すなわち「生産・所得」（経済軸）および「夢・希望」（社会軸）を表し、点線から下は〈減らせば減らすほど価値が高まる〉もの、すなわち「行政・社会コスト」（経済軸）と「不安・不便」（社会軸）を表している。このマトリックスには、「地域づくり」の諸活動が漏れなくマッピングでき、自分たちの活動がどの領域にあるのかを直感的に把握できる「モノサシ」となる。

「社会軸」にある活動は、一定の換算方法で「経済軸」に数値換算することもでき、米国で発案され、英国の財政立て直しに活用されたＳＲＯＩ（Social Return On Investment：社会投資収益率、社会投資回収率）を簡易的に導き出すツールとしても活用できる。

このマトリックスを使いながら、地域づくりに取り組むプロジェクトが２０１６年４月から山口県周南市においてスタートした。

和田地区に伝わる国指定重要無形民俗文化財「三作神楽」。

地域所得を高める周南の共創プロジェクト。

『周南市共創プロジェクト』は、周南市の「地域づくり推進計画」に基づき、地域団体やＮＰＯ法人等の市民活動団体、学校、企業等が連携して「新しい発想」や「新しい手法」によるプロジェクトを立ち上げ、その推進を行政がサポートする、という取り組みだ。ポイントは、「２つ以上のグループ、団体が連携して取り組む」「地域所得の向上に繋がる」プロジェクトであることが要件になっていることだ。認定されたプロジェクトには、専門家の派遣支援や広報・ＰＲ支援、さらにプロジェクトの継続に必要な事業を立ち上げる際の初期投資に限定した財政的支援などのサポートメニューがあり、活動の継続性を高める工夫がなされている。まだ、スタートしたばかりだが、ユニークなプロジェクトが生まれつつあり、そのいくつかを紹介したい。

●苔谷「農」×「福」連携プロジェクト

周南市の西部の山あいの集落、苔谷地区で古民家を活用して食育のイベントを開催していたグループと、知的障がい者の就労支援を行っている福祉作業所が連携し、今は放棄地として荒れ放

知的障がい者の就労支援の仕組みに取り組むグループによる椎茸栽培。

題になっているシイタケ栽培の圃場を財政的支援を活用して整備。ホダ木や乾燥機を購入し、シイタケ栽培を再開した。結果、かつて数十世帯あったが現在2軒という下苔谷の集落に活気が戻り、収穫したシイタケの販売で障がい者の賃金が数十%アップすることが期待されている。

●神楽で街づくりプロジェクト

一方、典型的な中山間地区である和田地区では、古くから伝わる国指定の重要無形民俗文化財「三作神楽（みつくりかぐら）」の7年に一度の例大祭を今後も伝えていくために、集落外の人たちに通いで後継者となってもらおうと「通い後継者制度」を立ち上げた。神楽を市民にもっと知ってもらうために「神楽アイドル」を結成したり、継承活動を継続するための収益事業として、地元で取れる豆（ササギ）を使ったソフトクリーム「ミツクリーム」の開発に取り組んでいる。古風な「神楽保存会」と市の中心部でフリースクールを開講しているNPO法人の若手メンバーが連携することで、これまでにない動きが芽生えつつある。

この他にも、市北部の山あいの里、須金地区では移住者を含む4組の若者グループが連携してそれぞれが宿泊施設を開業し、県内初のリトリートセンターをつくろうというプロジェクトや、新幹線の駅からもっとも近い島、大津島のコミュニティ推進協議会と島の活性化を願う市民グループが連携し、石材の産地であった歴史にちなみストーンアートの島づくりに挑戦するプロジェクトなどが立ち上がっている。

周南市では、平成31年までを取り組み期間として、こうした地域所得を高めていくプロジェクトが１００輩出される予定である。

島根県雲南市

Case study 14

Unnanshi, Shimane

空き店舗活用
祭りのデザイン
若者チャレンジ

祭りを人々が交流する場、協働する機会と捉えなおす。

衰退した駅前商店街の空き店舗を利用して祭りで特産品を直売し、通りの中央にロングテーブルを設けた。それだけのことで賑わいが生まれ、住民の交流の場となった。（古谷誠章）

合併で拡散した地域と衰退した商店街が物語るもの。

神話の国、出雲の南に位置する雲南市は、２００４年にそれまでの加茂町、大東町、木次町、三刀屋町、掛合町、吉田村の六町村が合併して誕生した。総人口は３万９９３４人（２０１７年１月現在）。ヤマタノオロチ伝説で有名な斐伊川が、中国山地から出雲平野に向かって流れている。合併により市域は格段に拡がり「たたら製鉄」の行われた吉田村の菅谷山内から、大量の

ヤマタノオロチ伝説の斐伊川が流れる。

元写真屋は山間部の食品直売店に変身した。

銅鐸が出土した加茂町の岩倉遺跡まで、直線距離にして約30キロメートル、全面積は延べ５３５平方キロメートルにおよぶ。

しかし、役場や体育館などの公有施設が六町村それぞれに存在し、市全体で相当な数の施設の活用や維持管理が問題となっていた。

２００７年に内閣府の全国都市再生モデル調査事業に採択され、早稲田大学古谷誠章研究室がそれらの遊休化した公有施設の利活用のための調査を行うこととなった。出雲市や松江市などに近い加茂や大東、市域の中心をなす木次と三刀屋、山間地域に近い掛合と吉田の各地区を約１ヵ月かけて廻り、１２４件を超える施設の現状を調査した。市役所の支所として使われている旧役場、統合を間近に控えて廃校の決まった掛合地区の５つの小学校、吉田地区民谷の山の中野分校などのほか、公民館や入浴施設、各地区の運動施設などのさまざまな公有施設を対象としたが、いずれも少子高齢化や過疎化の渦中にあって、その利活用に大きな展望の見出せない深刻な状態にあった。

そんな調査を続けるなか、ある日ふと目にとまったのがＪＲ木次線木次駅前の商店街。ほとんどの店舗がすでに店をたたみ、ガラス戸の奥は車のガレージになっている。

地元の商工会を訪ねると、会長の口からこんな科白がもれた。

「私ら勘違いしとった。国なんかの補助金が農家にばかり手厚くて、商売を営む私らにはなかなかまわってこないと不満に思うとったが、本当は農家が潤っていてこそ、私らの所の物を買ってくれていたんだということに。今頃になって、すべてが落ちぶれてから初めて気づいたんや」

地域というものは、そこにさまざまな生業があり、さまざまな人々がいて、互いに必要とし合うことによって機能し、また存続するものだということを物語っている。話を聞いた後に再び目

アーティストと子どもたちがコラボする。

にした木次商店街の通りには、夏の日差しのなか、人っ子ひとりおらず、陽炎だけが立ち昇っていた。しかし、遊休公有地の番外編として、ここでも何かできるんじゃないかなと、段々とアイディアが浮かび上がってきた。

「祭り」は多世代が協働する絶好の機会。交流する仕掛けで地域は変わる。

斐伊川土手には見事な桜の並木があり、春先の桜祭りには週末のたった2日間だが大勢の人が出かけてくる。聞けばその時でも商店街は閑散としたままだ。過去にあれこれ人寄せを企てたが、いずれも奏功しなかったという。

この時の私たちの提案は、貸してもらえる空き店舗を利用して、拡大した雲南市内各地の特産品や手づくり商品を陳列し、それらを直売する2日間限定の「雲南商店街」を開こうというもの。いわば地域の住民活動のデモンストレーションともなる。資金がないから店の掃除と改装は、地元の人たちと学生がセルフビルドですませようと提案した。最初は半信半疑だった商店街の人たちも重い腰を上げ、とりあえず了解の得られた7軒の空き店舗を借りて、ともかくやってみようということになった。折しも雲南市がかねて委託していた地域のブランディング事業の一環として、若干の費用も支弁してもらえることになった。

実は提案にはもう一つ、この祭りの目玉が盛り込まれていた。ただのデモショップが開かれるだけでは、そこで人々の交流が生まれるとは思えない。そこで、通りの真ん中に、買った物をその場で食べられるような長さ100メートルのロングテーブルを出そうというものだった。これも最初は通行止めの不便さや警察の許可などの問題で二の足を踏んでいたが、ともかくダメ元だ、と乗り切った。

果たして結果はご覧の通り。このテーブルがあるからこそ、そこに居合わせた人々の間に会話が弾むというものだ。これがなければ、買い物がすんだらさっさと花見をして帰ってしまうだろう。そうして2年目には出店は倍増、3年目にまた倍増と、開催は2016年ですでに8回を数えている。土手の上には一見どこにでもある普通の屋台が並ぶが、この商店街には実に多様な魅力的な手づくり商品が咲き誇っている。

2年目からは地元の人たちだけで店の準備やロングテーブルの設置を行えるようになり、地域が本来もっているセルモーターを回してエンジンをかける私たちの役割はほぼ終わった。

そこで次なる役回りを考えた。地元の子どもたちをこの祭りに引き込むこと。1年目に手伝ってくれたアーティストのミヤザキケンスケさんにひと肌脱いでもらい、子どもが共同制作するライブアートを企画した。地元の三刀屋高校の美術部員の女子生徒3名が大学生と一緒になって小中学生をサポートしてくれた。近年では大学生たちが製作した「コヤタイ（小屋台）」を使って、小学生たちが蒸しパンを売り歩くのも可愛らしい名物になり、毎年飛ぶように売れている。

地域には小さな子どもから大人や高齢者たちが協働する「作業」が必要であり、それが世代を超えて地域の文化を継承、創造する「舞台」となる。その傍らにその土地の風土の一側面としての自然災害に対する備えも、自ずと培われるのではないだろうか。

商店街を貫く延べ100メートルのテーブル。

島根県
雲南市

Case study
15
Unnanshi, Shimane

温泉宿の再生
古民家活用
食のブランディング

既存施設と補完、相乗する古民家改修プロジェクト。

地元素材を活用した暮らし体験型のオーベルジュは近隣施設との相互補完で集客の相乗効果を生み出した。地域に潜在する限られたリソースが最大限に活用された事例だろう。（古谷誠章）

公共施設ではなく空き家を利用したパイロット事業。

前項でも紹介した島根県雲南市のヤマタノオロチ伝説の残る斐伊川の中ほどに、「薬湯」として出雲風土記にも登場する湯村温泉郷がある。温泉郷と言っても、付近には川沿いの小さな共同浴場が一つと和風の宿屋が1軒、その対岸に同じ源泉からお湯を引いた国民宿舎があるだけで、あとはラーメン屋が1軒、まことにこぢんまりとしたものだ。付近一帯は緑も豊

築100年の古民家、長らく空き家となっていた。

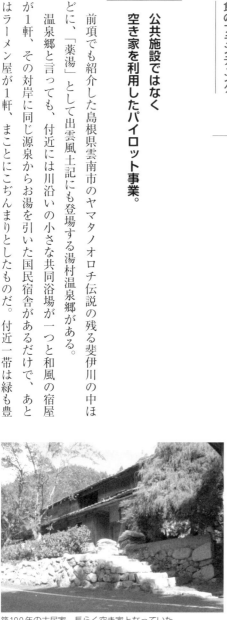

雨漏りしていた場所は土間に。耐震補強を兼ねた照明壁が光に映える。

富で、春には山桜、夏にはホタル、秋には紅葉と四季折々の自然が楽しめて風情は満点だ。しかし、宿屋の客は1日に多くても2組。また、国民宿舎は老朽化して、ここのところは泊まり客が減っている。トンネル工事やダム工事の終わった今は、宿屋も国民宿舎も日帰り入浴客でなんとか凌いでいる状況だ。

私たちが合併でできた雲南市中の遊休化した公共施設を調べたとき、もう少し山に入った旧掛合町内には、統合により廃校となる予定の小学校が5校あった。多根地区にあったそのうちの1校は川沿いに立地して、木造の校舎はとても風情があり、廃校後にはオーベルジュに改装するのがいいのではないかと、私たちは提案していた。

だが、学校全体を宿泊室や厨房、ダイニングルームなどに改装するには、それなりの費用がかかるので、市としてはその後の運営を含めておいそれと事業化できない状況にあった。

もっとも、古代神話の地をたどるツーリズムや自然派の食へのニーズは確実に高まっており、出雲と広島方面を繋ぐ無料の自動車道が開通したこともあって、その需要・採算性はさらに上がっていると私は確信したものの、何しろ当時としては、それをそのまま安易に実行に移すには大きな懸念があったことも事実だ。

そこで市と一計を案じたのが、小学校より規模の小さい築100年の古民家を改修して農家レストラン化する、パイロット・プロジェクトの立ち上げだ。市が同時期に実施していた雲南市のブランディング事業を担当するアドバイザー、青木千栄子さんと協働して、地元で唯一の旅館の経営者である西村満幸さんなどを交えてそのあり方を検討した。

2階は宿泊室に。小屋裏の特長を活かしたデザインだ。

古民家オーベルジュで周辺の宿泊施設との相互補完を企図する。

歴史が古く観光客にも人気の温泉があり、野菜や米、蕎麦など、地元の美味しい食材もある。これらを活かすのは当然として、しかし、既存の旅館と単純に競合するのは好ましくない。そこで浮かんだアイディアが、従来とはまったく異なる滞在と食のスタイルを提供する洋風のオーベルジュをつくることで、連泊や昼食の要望に応える計画である。まとまった宴会は和風の旅館で、あるいはその逆にオーベルジュでパーティをして、いずれも宿泊は2軒に分かれて滞在するといった企画も打ち出せる。

改修をする古民家は旅館を営む西村さんが所有していたもので、彼が子どものころに使っていたが現在は空き家となり、2階屋根からの雨漏りで、なんと1階の床も腐って抜けているような状態だった。建具や屋根の傷みはひどかったが、幸い主たる柱や梁はまだ堅牢で、必要な耐震改修をして内外装にさえ手を入れれば充分に再生に耐えると判断された。もっとも昔の建物のことで、今日のような基礎などはなく、コンクリートで基礎と土間を新たに築いた。民家の改修に手慣れた地元の工務店が施工してくれたのも、おおいに功を奏し、結果は見事に改修されている。改修費用は市が支出した。

建築のデザインは私の研究室が担当し、関係者らと詰めて図面を書いている。そこで話し合われたのも、もっぱら旅館や温泉施設などの既存施設との相乗効果、相互補完性についてだった。それらと調和しながらも、それらにはない新しい空間の魅力を生み出す。雨漏りしていた場所は1、2階とも床を取り除いて吹き抜けとし、1階は土間とした。川沿いには1~2メートルほど下野を張り出して、テラス席のような風情のダイニングを拡張した。この家に残されていた2つの箱階段を活用したほか、照明器具や耐震筋交いを入れた照明壁などには、学生たちが手漉きした斐伊川和紙をあしらうなど、この家や土地柄の古い記憶を辿る端緒を織り込んでいる。

2階には客室が2室、1部屋は川の風景を楽しむ部屋、もう1部屋は座敷の折り上げ天井の上に設えた一段高い屋根裏部屋風の寝室が楽しめる。それぞれに次の間のような畳の空間があり、冬にはこたつが置かれ、ここにもさらに何名かが泊まることができる計画だ。

ひと晩に1組の客に限定する。泊まり客には地元の新鮮な素材でシェフの欧風料理が提供され、地元の酒やワインとともに味わう。旅館に泊まる客が、ここで二次会としゃれ込むことも、もちろん可能だ。この宿の浴衣を着ていれば、湯本の温泉はもとより、対岸の国民宿舎の風呂にも入浴することができる。下駄履きで川沿いを歩き、橋を渡って散歩をするのも楽しい。

聞けばオープン以来確実に常客がつき、気候のいいシーズンの週末にはなかなか予約が取れないそうだ。

川に面するテラス席を張り出した。

佐賀県
佐賀市

Case study
16
Sagashi, Saga

民間運営
文化財活用
エリア・リノベーション

歴史的町並みを民間運営で日常に活かす。

行政を地元最大の投資ができる企業と捉えてみる。歴史的建造物をあえて文化財指定せずに積極的に活用し、民間企業をプロジェクトの初期段階から巻き込んだ。（馬場正尊）

歴史的町並みの再生は行政投資と民間運営によって解決する。

江戸時代に博多と海外貿易が唯一許された出島を繋ぐ道は長崎街道と呼ばれ、かつておおいに賑わっていた。佐賀市の柳町はその重要な宿場町で、通りにはさまざまな店舗や銀行があった。現在は静かな住宅地になっているが、そこに並ぶ明治・大正時代につくられた建物は、当時の面影を残している。

佐賀市は約20年前、この一帯を歴史地区に指定し、特に重要な建物群を文

旧森永家住宅の外観。

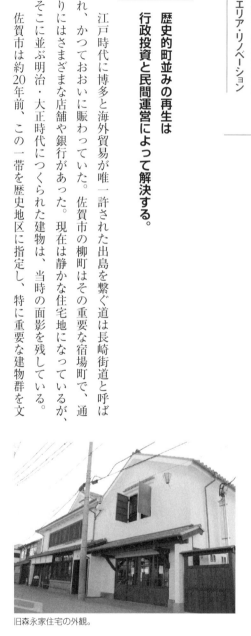

旧久富家住宅改修前（下）と
改修後（左）

化財指定し保存修復を行った。街並みは保たれたが、文化財であるためにどうしても使い方に制限がかかる。行政の所有となっているため、維持管理にも税金が投入され続けることになり、美しい氷漬けの建物になっていた。同時に手つかずの空き物件も増えつつあった。このまま放置されればいずれ朽ちていき、街の風景・価値は損なわれてしまう。

5年前に佐賀市から相談されたのは、この状況を打破してほしいということだった。街並みを維持するためには、ある程度の投資が予定されていたので、私たちが提案したのは、歴史的価値のある空き物件を行政が買い取って所有し、すなわち公共空間とし、あえて文化財指定せずにリノベーションすることだった。

文化財になってしまうと活用にさまざまな制限がかかり、時代に即した生き生きとした使い方を導くためには、それが障害になる懸念があったからだ。

しかし外観の設計デザインは、文化財を扱うような細心の注意を払いファサードは当時の姿を再現した。それに対して内部は、現代の使い方に対応した洗練されたデザインにすることにし、氷漬けではなく生きた空間として活用し続けるために賃貸し、公共空間としての役割を果たしつつ、運営・維持管理は民間に委ねるプログラムを構築した。行政にとっては、従来、維持管理コストがかかるだけだったものが、逆に家賃収入を得て、それを街に再投資できる。

もう一つの工夫がリーシングである。工事に着工する前、設計段階でテナントを公募し、選ばれた企業と一緒にデザインを行った。使う側に空間上の愛着をもってほしいし、建物や街ができるプロセスに参加してほしいと思ったからだ。こんな街になる、というスケッチを描いて、その風景を共有できるテナントを集めた。参画企業は空間へのコミットメントが深くなり、同時に無駄な投資も省かれる。

点から面へ。エリア・リノベーションのモデルに。

その結果、企画段階から関わった8つのテナント／民間企業が、ここを「自分たちの街」であると受け止め、完成する前に町内会のようなマネジメント組織をつくり、街の運営をごく自然に始めた。

行政まかせではなく、「自分たちの街」を自分たちで考え、先導し、マネジメントし、稼げるエリアにする。そのための組織、というより「チーム」と言った方がニュアンスを正しく伝えているような気がする。新たに起業した彼らにとって、街の再生は、自分たちにダイレクトに跳ね返ってくる。その構造が、リアの運営を行政ではなく民間が行うことを自然に導いた。

地元の伝統織物の工房、和紅茶の専門店、ＩＴ企業が運営するカフェ、写真スタジオ、若いデザイナーやプログラマーのスモールオフィスなど、新しいテナントが江戸末期から明治初期にできた建物を使って営業しており、思いがけない組み合わせがそこでは生まれている。

こうした単体の建築、点のイノベーションが複数繋がり合い、面として街に展開していくこと、それをエリア・リノベーションと呼び、街づくりの次の概念として提示できないかと考えている。

また、このプロジェクトでは、公共空間の新しい運営手法の可能性を模索することになった。新しい手法と、新しいデザインと、新しい住民たちによってつくり上げられる柳町歴史地区。これが地方都市のエリア・リノベーションの一つのモデルになればいいと考えている。

旧森永家住宅
（写真上から）北蔵 2 階。廻廊と手摺が一部撤去されていたため復元した。／主屋と蔵の間は通り抜けできる。／1 階にあるカフェ。／1 階の写真スタジオ。

2 階は間仕切り壁を撤去し、クリエイターが借りやすいように床面積の小さい貸室を並べた。

福岡県
久留米市
Case study
17
Kurumeshi, Fukuoka

商店街再生
子育て世代
文化交流スペース

子育て世代が創る自らも参加し楽しむ空間。

絵本の読み聞かせからコドモディスコまで。子育て世代が中心になって創出するシティプラザの自由空間が日々の賑わいと消費を運んでくれる。（高宮知数）

時代とともに変化した商業地に芸術・生活文化拠点を整備。

人口30万の中核市、福岡県久留米市。明治以降、軍都として、ブリヂストンの創業地などとして昭和40年代まで順調に発展した。1937年創業の旭屋デパート（後に井筒屋百貨店）、1960年開店のスーパー丸栄（後にダイエー）、それらの立地する六ツ門地区と、地元大手私鉄・西鉄のターミナル駅に隣接する1972年開業の岩田屋百貨店を結ぶ1キロメートル弱の

アーケードの一角に出現した「カタチの森」。

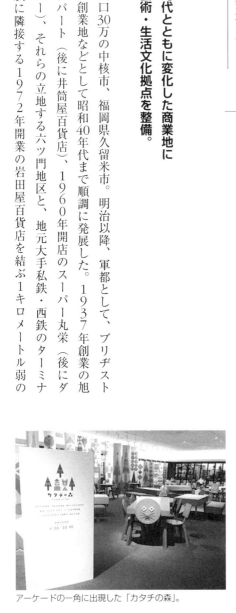

地方都市中心市街地活性化

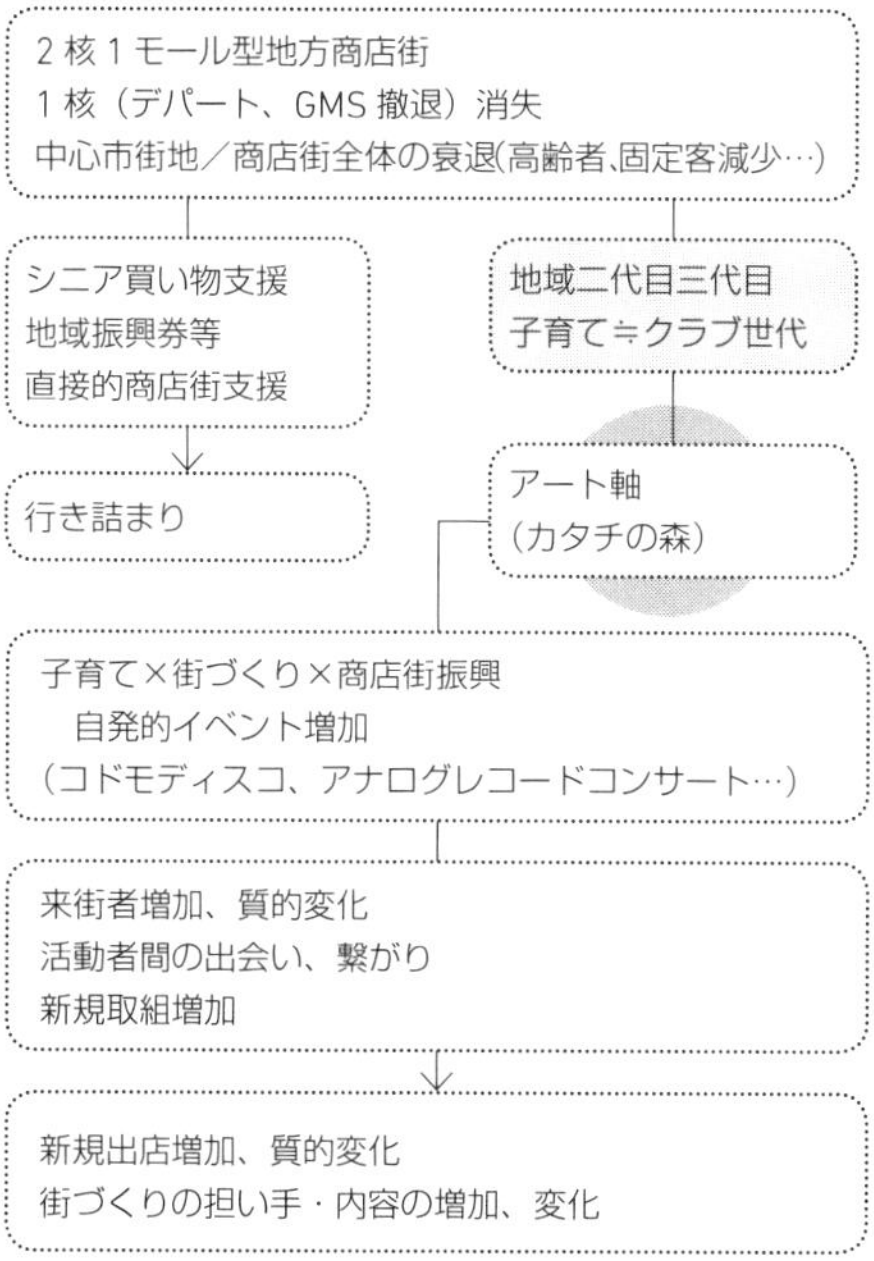

多くの人で連日、賑わっている。

アーケードによる2核1モールは、朝から夜中まで賑わった。

しかし、昭和50年代以降、各地の中心市街地と同様に、低迷を始める。商圏人口だけを見れば、周辺市町村を含めて60万~70万人の商圏自体は、決して今も縮小していないが、消費行動が大きく変化した。ニュータウンなどの郊外の居住者が増え、バイパス沿いの量販店やチェーン店利用客が増加し、人気ブランド店、大型書店などをめがけて30分圏内にある福岡市に行くのが日常化していく。２００３年に九州高速道インターチェンジ近くに大型ショッピングモールゆめタウンが開業し、２００５年にダイエーが、２００９年に井筒屋百貨店が相次いで閉店。どん底の時期、アーケードの閉店率は2割を超えた。

２０１２年、閉店した井筒屋百貨店跡地と隣接する街なか広場の2街区2ヘクタール弱を再開発し、複合文化施設（久留米シティプラザ）を整備する事業がスタートした。市参与として、筆者とともに就任した佐藤信（杉並区立杉並芸術会館「座・高円寺」芸術監督）は、世田谷パブリックシアター、座・高円寺の経験を踏まえ、芸術文化とともに生活文化の拠り所としての公共ホールを提言してきており、また劇場法制定時にも、子育て、街づくり等の社会課題に対して、さまざまな街なかの専門家と一緒に取り組むことの重要性を提起していた。

その具現化として、アーケードに面した一角に、アーティストを起用した挑戦的な演出を施し、親しみやすく入りやすい空間と遊びと出会いが生まれる機能を盛り込むことになった。

クッキーづくりワークショップ

手話落語の会

毎年のようにさまざまな賞を受賞し、人気の絵本を出しているアートユニット＝tupera tuperaのプロデュースのもと、彼らと同世代の建築ユニット＝カワグチテイ建築計画とともに、空間デザイン・設計を進めた。彼らは地元の子育て世代との会合を重ねるとともに、設置する遊具や家具は、地元の家具メーカーや造形アーティストが代表を務める遊具製造会社などが一緒になって取り組んだ。

子育て世代のアートパワーで衰退した商店街を再生する。

「カタチの森」と名づけられたこの施設運営には、公共財産の目的外使用という手法を用いて、通常よりも低価格で参加の運営者を募り、その代わりにこの特色ある空間を活かしてもらうような事業を求めるプロポーザルを実施した。結果、受託したのは、これまでも街づくりや子育てに関わるイベントや事業に取り組んでいる地元の若い起業家、おきなまさひとさんを中心とする合同会社ビジョナリアル（visionAreal）であった。

おきなさんをはじめ、ビジョナリアルのメンバーやそのネットワークは、30歳代の子育て世代であり、同時に10～20歳代にクラブカルチャーに親しんだ世代である。カタチの森に先行して、もう一つの核である駅前岩田屋百貨店の屋上をリニューアルした「ソライロ広場」の運営も受託して、定期的にイベントを行っていた。彼らの自らも楽しみ参加することをもっぱらとするそのスタイルは、肩に力の入りすぎない、それでいてどこかで自然と社会性をもったものになっている。

コドモディスコ

ソライロ広場

例えば、ソライロ広場で彼らの仲間でもある廣瀬崇・カナエ夫妻たちがやっている「コドモディスコ」。昼間の百貨店屋上に突然大音量のクラブが出現し、大人も子どもたちも一緒になって音楽を楽しみ、踊る。クラブであるからアルコールも出るが、泥酔する人はいない。飲食の屋台とともに、ヘアサロンや雑貨屋、家具屋さんのワークショップの出店もあり、どこまでがビジネスなのか、ボランティアなのか、主催者なのか、参加者なのか、緩やかで穏やかである。

tupera tuperaの起用は、大きく当たった。プレ事業として行われたワークショップは、80人の募集に対して、鹿児島や大分など九州各地から1000人を超える応募があり、2016年4月末のカタチの森オープン記念の原画展、ワークショップ、絵本の読み聞かせなどには、合わせて2万人が詰めかけた。カタチの森の来場者は、オープンから9月末までの約5ヵ月で約8万人と衰えることなく、3万平方メートルを超える施設全体の来場者数の3割をわずか400平方メートルで達成している。

おきなさんたちは、事業費等の支援を受けることなく、工夫とネットワークを駆使して、カタチの森で落語会やアロマテラピーのイベントなどを続けているし、ソライロ広場でも多様なイベントが行われている。商店街の店舗も、廃業していく古くからの店に代わって、少しずつではあるが、チェーンではないカフェレストラン、アロマテラピーなど、おきなさんたちと同世代の店が出はじめている。

visionAreal おきなまさひとさんと
中村路子さん

青森県弘前市

Case study 18
Hirosakishi, Aomori

産官学連携
ビジネス活性
地域ブランド

地域の共有価値を掘り起こすCSV大学。

ハーバード大学のポーター教授が提起したCSV。異業種の民間活力を呼び込むバリューチェーンの構築で、街直しのユニークなイノベーションが生まれてくる。（赤池 学）

膝づめのディスカッションで地方創生ビジネスをプランニングする。

ＣＳＶ（Creating Shared Value）とは、米国ハーバード・ビジネススクールのマイケル・ポーター教授が提唱する概念で、「共有価値」、すなわち事業益と公益を両立させるビジネス投資の重要性をメッセージしたものだ。

私が理事長を務めるＣＳＶ開発機構では、省庁連携を研究会活動の大きな柱として位置づけ、これまでにも中小製造業のビジネス活性化を図る「ミ

白神で開催された「CSV大学」の模様。

「CSV大学」による地域活性の展開

現状認識 課題と資源の理解 → **解決方法模索** アイディアの創発 → **ビジネスプラン** アイディアの収斂 → **パイロットプラン** 事業化にむけて

ラサポ」や「グッドビジネスアワード」、国産木材の消費を推進する「木材利用ポイント」や「ウッドデザイン賞」などの政策提案や制度設計サポートを手がけてきた。そして、研究会活動のもう一つの大きな柱が、自治体ネットワークの構築である。多様なノウハウをもつ会員企業が現地に出向き、自治体施策の共有、ビジネスモデルの提案、そして具体事業への参画を図ってきた。そのための重要なプログラムが、地方自治体と会員企業、連携大学によるワークキャンプ「ＣＳＶ大学」である。

そのモデルフィールドとして、ビジネス創出の成果を上げはじめているのが青森県弘前市だ。官民が協働した魅力ある観光地の再建・強化を目的とした国土交通省観光庁事業「タビカレ」の一部として、産官学連携先進都市である弘前市において、過去3年間、「ＣＳＶ大学 in 弘前」を開催してきた。ＣＳＶ大学は、ＣＳＶの理念を学び合うことで、地方自治体と首都圏の企業、大学を繋ぎ、地方に残る独自の資源を観光資源として開発するビジネスモデル提案に結び付け、具体事業を創発しようというワークキャンプである。

２０１４年11月、葛西憲之氏が市長を務める弘前市、島田晴雄氏が学長を務める千葉商科大学、そして同大と連携しているＣＳＶ開発機構は、弘前市の街づくりに関する三者包括協定を締結した。その後、「人づくりから考える地方創生」をテーマに、三者による公開シンポジウムを開催。市民への啓発とＣＳＶ大学への参加者を募り、ＣＳＶ大学のシラバスに基づき3つのプログラムが動き出した。

第一のプログラムは、千葉商科大学生によるフィールドインターンシップである。学部生が、民泊、農業体験、フィールドワークを実施し、「学生」「外国人」「定住者」「商業・産業」の各目線のグループに分かれて市内を観察。そこにおける気づきを、市の行政者、事業者、生産者に対してプレゼンテーションした。

第二のプログラムは、こうしたフィールドサーベイを踏まえて行った、地元若手経営者と会員企業による「CSVワークショップ」である。地元事業者は、弘前市の課題、問題意識、地域資源を活かしたビジネスや街づくりの現在をプレゼン。会員企業は、その社会実装や強化に関わる自社技術やノウハウ、ビジネスアイディアを提案し、連携によるCSVビジネス創造のためのディスカッションを行った。

そして、重要なのは、こうしたビジネスアイディアを事業プランに落としていく「CSVワークキャンプ」である。地元事業者と会員企業が、夜の交流会を含めて2日間、膝づめでディスカッションし、葛西市長も参画するワークショップを通じて、9つのビジネスプランが集約された。

弘前シードルから白神ホワイトまで地場ブランドに新たなインパクトを。

2016年度からモデル事業として形になりつつある、その事業の一部を紹介しよう。

パイロット事業のターゲットと時期として設定されたのは、2016年3月、北海道新幹線開通に合わせたJRのディスティネーション・キャンペーンでの、弘前コンテンツの効果的な露出と物販、接客である。

リンゴの生産者が集積する弘前市では、ニッカ弘前工場でリンゴの醸造酒「シードル」が生産されている。それ以外にも近年、地元の生産者やメーカーが地場シードルを開発し、話題を集めはじめた。そこで打ち出された事業が、「シードルの郷・弘前」ブランディング事業。「弘前シー

地域事業者によるブランディングで誕生した「白神めぐみ寿司」。地元の食材を活かして、各店がオリジナルな味を提供する。

ドル・ヌーボー祭り」などのイベントと組み合わせ、「シードルと言えば、弘前！」というネームバリューを形にしようという事業である。

また、同市では、世界自然遺産に登録されている白神山地ツーリズムや、春の弘前城をベースとする桜祭り、秋のりんご祭りなど、集客を形にしているビッグイベントがある。打ち出されたのは、こうした四季の祭事、名所、秘境と連動した「手ぶら飲食観光」事業だ。地元旅行事業者とＪＴＢグループが協力し合い、催事の現場で、四季の郷土食を提供するビジネスモデルの開発である。

ユニークなのは、世界遺産・白神山地の新しいインパクトを発信する「白神めぐみ寿司」による地域事業者ブランディング事業である。白神山地が供給する良質な水と栄養塩は、四季折々の山菜やキノコ、嶽《だけ》きみや大鰐もやし、雪にんじんなどの地元野菜、県内臨海自治体の豊富な魚介類を育んできた。これらを材料に、地元の料飲事業者がそれぞれのアイディアを駆使したオリジナルの「白神めぐみ寿司」を創作し、来街者に提供しようというビジネスである。

寿司の飯台は、津軽塗の漆器を使う。地元の日本酒やワイン、シードルを提供するグラスも地元の焼き物やブナコ漆器を使う。使った津軽塗の箸は持ち帰れる。こうした「白神めぐみ寿司」ブランドを名乗るための、地域認証基準の構築も始まっている。これ以外にも、白神と雪の「白」に着目した、「白いクラフト～白神ホワイト」インキュベーション事業、「生活者株主」による観光リピーター創出事業など、多様な地元事業者が参画するビジネスが、弘前市に台頭しはじめた。

現在、弘前市以外にも、都市と山間地を結ぶ観光基盤整備を進めている豊田市、水素社会と緑の街づくりを標榜している北九州市など、多くの地方自治体から「ＣＳＶ大学」の開催希望が出てきている。

富山県
富山市

Case study
19
Toyamashi, Toyama

跡地活用
官民協働
複合型福祉センター

ここでしか為しえない健康拠点、ウェルネスシティを創る。

小学校跡地の再生・活用に富山市ではウェルネスシティとのコンセプトを打ち立てた。「薬の富山」らしい空間が都市に新たな機能と価値を付加している。（赤池 学）

官民の健康施設が集まり、連携しながらサービスを提供する。

富山市の中心市街地にある「総曲輪レガートスクエア」は、旧総曲輪小学校跡地活用事業により、富山市と大和リース、参画事業者が一体となって計画された「ここでしか為しえない健康拠点」となることをめざしている。

エリアにはまず、公共施設として「富山市まちなか総合ケアセンター」がある。ここは乳幼児から高齢者まで、地域住民が安心して健やかに生活でき

レガートとはイタリア語で「つながる」の意味。2017年4月にオープンした。（MAP提供：大和リース）

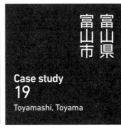

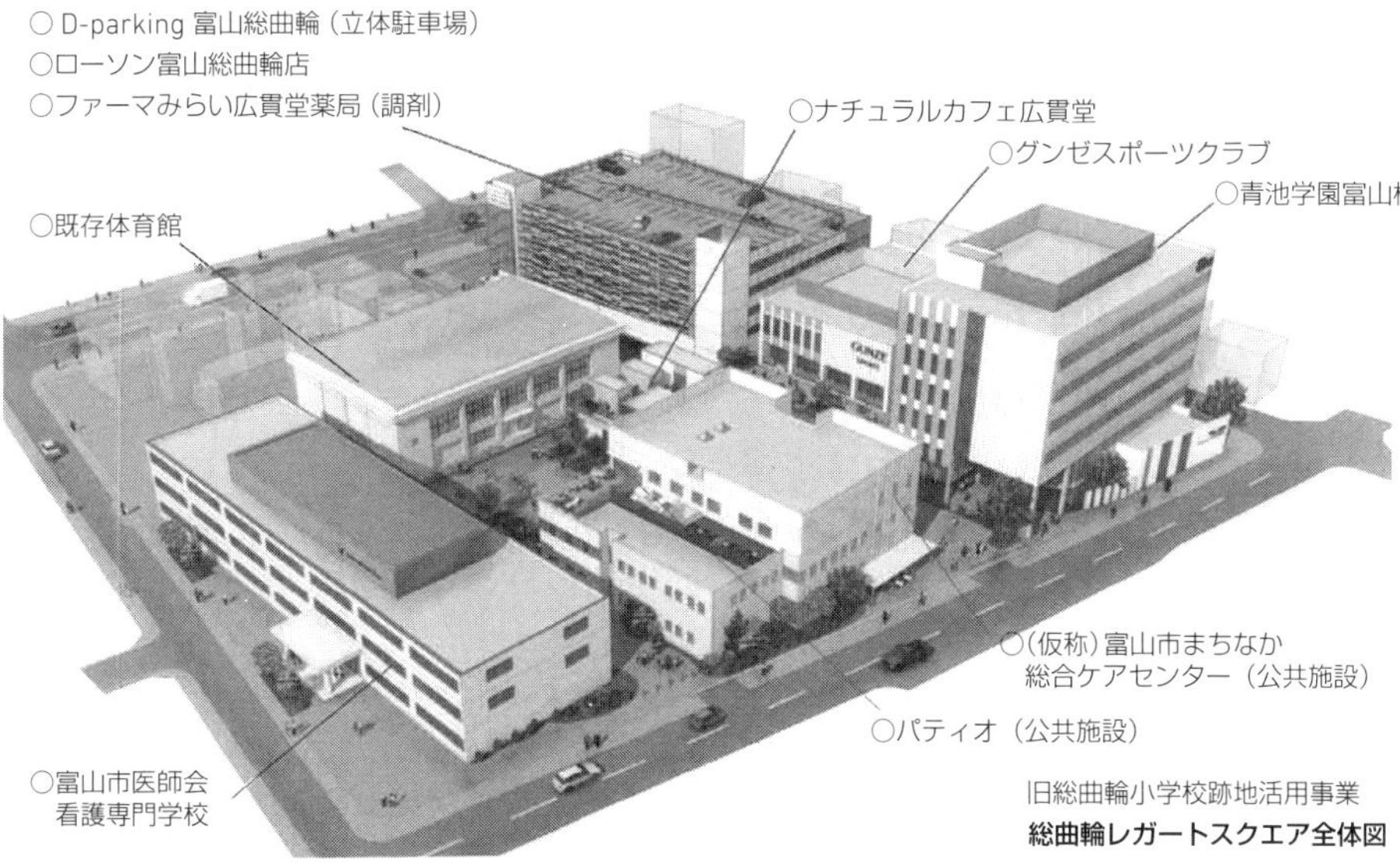

旧総曲輪小学校跡地活用事業
総曲輪レガートスクエア全体図

る街づくりを推進するために、健康関連サービスを一元的・包括的に提供する施設である。産後ケア応援室、病児保育室、医療介護連携室、こども発達支援室、地域連携室、まちなか診療所などがある。働くお母さんが勤務中に、子どもの具合が悪くなったとしても行政が患児をピックアップして一時保育を行う、行政初のサービスも動き出す。

民間の事業施設としては、医療福祉、調理製菓の学生を育成する専門学校「学校法人 青池学園」を誘致。併設される「富山市医師会看護専門学校」と合わせて、最大約８８０人の学生による賑わいを創出することをめざしている。

また、スポーツを通じた多世代間の交流、高齢者の生きがいづくり、地域の健康意識の向上のために、「グンゼスポーツクラブ」も誘致した。「くすりのとやま」を代表する地元の製薬会社、「廣貫堂」が直営する「ナチュラルカフェ広貫堂」も出店する。富山の伝統産業である〝くすり文化〟を軽食サービスや健康的な飲料に置き換えて提供し、憩いの空間を生み出そうという計画である。

市民の生活を支えるインフラとして、コンビニエンスストアに調剤薬局の機能をプラスした「ローソン富山総曲輪店」と併設する調剤薬局の「ファーマみらい広貫堂」は、いわば、身近な街の健康ステーションと言えるだろう。こうした各施設の機能を、屋外パティオとまちなかサロンが結んでいるのだ。

明確なコンセプトのもと、市民に活用される空間が生まれた。

「コンテナ町家」という移動店舗を開発した矢野ＴＥＡさんは、長野県飯田市にある鉄骨系の建築や貨物コンテナの製造を手掛ける企業と共同して、コンテナに洒落た内装を施し、ウッドデッキやガーデンをシステム化して広めようとしている。「総曲輪レガートスクエア」でも地域の生産者や酒造会社、食品メーカーが、気軽に仮設のカフェやアンテナショップとして活用できると好評だ。

矢野さんは今、このコンテナ町家を、東京をはじめとする街づくりのために展開しようと、さまざまなタイプのコンテナカフェを開発している。２０２０年の東京オリンピック・パラリンピックでも、湾岸や都市河川のウォーターフロントに熱い注目が集まっている。こうした水系沿線の企業やディベロッパーと連携し、リバーサイドやデパートの屋上に、コンテナカフェをこれから設置していく計画だ。

また、コンテナ町家は、都市防災のための基地として利用することも可能だ。簡易医療、緊急時の情報通信基地、食糧備蓄用、調理用コンテナなど、平常時はアンテナカフェとして運用しつつ、緊急時は災害対応コンテナとなる。

都市には、「総曲輪レガートスクエア」のような学校跡地、公開空地、緑地、公園など、利用すべき公共空間が数多くあふれている。そこに、民間企業の投資と事業発信を組み合わせることで、新しい都市拠点を生み出すことができるはずである。民間企業が半公共的に開放する「ニア

小さなスペースに、一見、コンテナとは分からない瀟洒なショップが出現する。「コンテナ町家」はウッドデッキを施して、カフェや休憩スペースとしても好評だ。

パブリック」、そこに自然の息吹を注ぎ込む近自然空間「ニアネイチャー」をつくっていくことは、これからの再開発のビジネスモデルになっていくだろう。

「総曲輪レガートスクエア」の特徴は、「ウェルネスシティという明確なコンセプトをもって、事業者や市民、そして行政が「ワーキング・トゥギャザー」で集い、開放的なパブリックな空間を形成していることである。契約自体は、従前の入札、応札であっても、個別発注の仕切りの限界を取り払うべく、事業者間の連携プログラムを相互に検討し、箱づくり、演出、運営を一体的に進めてきた成果でもある。

香川県
小豆島町
Case study
20
Shodoshimacho, Kagawa

獣害対策
集落の知恵
景観アート

獣害対策をしつつ、人々が憩う美観を備えた場に。

悩まされ続けるイノシシ対策に
集落に繁茂する孟宗竹を材料にしたシシ垣をつくり、
里山を日常的に子どもや地域の人々が集まる場所にする。（古谷誠章）

古くから悩まされ続けたイノシシの害。

江戸時代の小豆島には、島中に全長120キロメートルにもおよぶシシ垣が万里の長城のように巡らされていたという。イノシシの害に悩まされた島民が土塁や石垣を用いて築いたもので、今でもその一部が残っている。その徹底ぶりからも、被害にはそうとう悩まされていたようだ。もとより島には平地が少ないことから、海沿いの集落のすぐ裏手の斜面が耕作地として切り開かれ、そ

小豆島町堀越地区、入江を取り巻く穏やかな風景が広がる。

浜の道沿いには、
かつての醤油蔵が
建ち並ぶ。

の背後には山の緑が迫っている。イノシシたちは容易に畑に近づくことができたわけだ。

私たちの研究室（早稲田大学古谷誠章研究室）が関わる小豆島町南部の田浦半島に位置する堀越集落は、かつての写真を見ると、山の稜線まですべてが石積みの段々畑となっており、イノシシが棲息する場所すらないほどに開墾されていたためか、記録によるとこの地区にシシ垣はなかったとされている。しかし、近年では大部分が林や竹やぶになり、島内のほかの地区と同様、イモやカボチャやスイカなどを育てていても端からイノシシに食べられてしまうと住民は嘆く。やむを得ず溶接金網の防護柵を建てて対策に追われるが、イノシシはなかなか賢く、彼らとのイタチごっこが繰り返されている。また、金網やトタン波板の防護柵自体が、美しい景観とは言えない代物だ。

堀越集落と私たちに縁が結ばれたのは、研究室の女子学生の一人が、この地区では新たに移り住んだ住民と元からの住民たちが良好なコミュニティを築いていることに関心をもち、それを題材に卒業論文を書いたことが発端だった。近年、全国的にも悩みの多い空き家問題に、ここでは住民主体で取り組み、子育て世代の移住者の定住が進んでいた。空き家を提供し、迎え入れる住民たちが移住者の就労を支援したり、また移住者側も途絶えていたかつての集落行事を再生させたりと、双方の協力が功を奏した形だ。

彼女が卒論の提出を終えると、塩田幸雄小豆島町長が指導教授である私に会いたいと研究室を訪ねて来て、こう語った。

「町ではさまざまな地域再生の施策を行っているが、堀越地区については、行政が主導するのではなく、住民が盛り上げている活動を行政が後押しする形で進めた

ビジターをアート会場に案内する幟。

い。ついては力を貸してもらえませんか？」

この要請に、研究室ぐるみでお手伝いする活動が始まった。

シシ垣をアートに。人の気配を感じる場所に。

堀越地区には『二十四の瞳』の著者、壺井栄の夫である壺井繁治の生家が残り、すぐ前には小説の構想の元となった分教場の跡もある。その脇には遍路みちの札所である堀越庵があり、日頃は住民の集まりなどにも使われている。また分教場を見下ろす高台には島外から赴任してくる教師のための教員住宅が、かなり雨漏りして傷んではいたものの、空き家として残っている。その隣に荒神社や金比羅神社、さらに浜辺には戎神社の小さな社があり、毎年7月には地区住民の手で、3つの祠を廻る三社祭が執り行われている。移住者たちがよみがえらせたのは、戎神社の前で夏に行われる納涼祭だ。

この地区に対する私たちの提案は、残存する地域のリソースに手を入れることで再生し、教員住宅についても一年を通した住民活動の拠点や、新たな移住者の受け入れに役立てようとするものである。

活動を進めるなかで、近頃住民が手を焼いているイノシシの話題や、出没情報などを耳にするようになった。そして地域おこしを兼ねて、地域の人々と大学生たちが協働できる事業として、かつての段々畑の石垣の上に、裏山に生い繁る孟宗竹を材料にした獣害対策のシシ垣をつくり、アート作品としての里山のランドスケープを創り出すことを思いついたのである。折しも翌年に3年に一度の瀬戸内国際芸術祭が開かれる時期だったことから、さっそく2016年の芸術祭参加に照準を合わせて、シシ垣づくりに取りかかった。

町長は「イノシシの害に有効ならば、いずれは芸術祭だけでなく獣害対策の予算からも支弁できるかもしれない」と言う。そのためには専門家の意見を聞いてもらいたいと言われ、島根県にある西日本農業研究センターを訪れ、研究員である堂山宗一郎さんに詳しく話を聞いた。イノシシの鼻の強い力で柵を持ち上げられないよう、また賢いイノシシの生態をよく理解するよう、さまざまな助言をもち帰った。さらに、適切な時期に竹を伐採し、しっかりした垣根とするために、徳島県の庭師である三浦嘉之さんにも現場を見てもらい、シシ垣づくりの手ほどきを受けている。

動物たちが畑に下りてくるのは、人々が里山に入らなくなったためだと言われている。竹を刈るために折に触れて裏山に入って土地を切り開くことを継続する。同時に、今後はシシ垣に海を見下ろせるような仕掛ベンチも併設して、芸術祭の観客の休憩や交流はもとより、日頃から住民や学生たちがここでピクニックなどができるようにする。こうして人の気配を日常的に増やすことが、物理的な柵としての効果よりも有効なことなのではないかと考えている。

この土地に繁茂する孟宗竹を使ったシシ垣の完成。

ケーススタディ

第4章 ソフト開発

佐賀県
有田町

Case study
21
Aritacho, Saga

記念事業
情報発信支援
提案・体感型

伝統工芸品の魅力を使い、体験することで伝える。

有田焼創業400年事業の期間限定施設『USEUM ARITA』は、焼物の使い方を体験してもらうことを主目的とする施設。同時に、来訪者の情報発信効果を狙った施策にも取り組んだ。（下川一哉）

「つくる」に加え「使う」を提案する焼物産地。

2016年8月11日、期間限定のレストラン&ギャラリー「USEUM ARITA」が、佐賀県有田町内の美術館「九州陶磁文化館」のオープンデッキに開業した。

11月下旬までの期間限定（12月25日まで延長）で、この公共空間に建設された「USEUM ARITA」は、佐賀県が2013年以降実施してきた有田焼

ギャラリーでは、焼物を日常生活で使う場面で提案。「呑む」コーナーでは、有田焼創業400年事業で生まれた新製品を展示した。

期間限定の施設「USEUM ARITA」。農業用の温室を活用し、ローコスト化を図った。

創業400年事業の集大成であると同時に、有田という窯業産地がものづくりを通して、陶磁器を「USE＝使う」文化を発信することで、使い手とこれからも繋がっていくことを宣言する施設である。

「USEUM ARITA」のプランニングから開業までの時間は、約6ヵ月。プランニングや工期の短縮を図るため、建築を担当した建築設計事務所、ワークヴィジョンズの西村浩代表は、「USEUM ARITA」の躯体に農業用の温室を採用する計画を提案した。本建築の九州陶磁文化館と、軽いイメージをもつ仮設建築の「USEUM ARITA」は、この公共スペース内で対比的にたたずむ。

九州陶磁文化館は、文化財としての有田焼を「鑑賞する」ための施設。一方の「USEUM ARITA」は、陶磁器を「USE＝使う」ことを体験する施設である。「USEUM ARITA」という新しい建築をこの空間に持ち込んだことで、九州陶磁文化館の役割が明確となり、この敷地全体に新しい価値をもたらした。

「USEUM ARITA」のメインエントランスをくぐると、左側にレストラン、右側にはギャラリーが広がる。この空間すべてで、「USE＝使う」がプレゼンテーションされる。

レストランが提案するのは、新しい「食べる」体験。井上萬二氏、中島宏氏、今泉今右衛門氏といった人間国宝ほか、中里太郎右衛門氏、酒井田柿右衛門氏ら窯業産地佐賀を代表する作家や窯元の作品でブランチやランチなどを楽しめる。

これら高額な美術工芸品は、購入されても実際に食事や喫茶に用いられる機会は少ない。また、それゆえに、使った体験をもつ人もまれであろう。佐賀県産の食材

ここでは食事、展示、パンフレットを通して来場者にアピール。レストランでは、人間国宝ほか著名作家や窯元の器で食事が楽しめる。

をふんだんに使った和、洋、中華の料理を、これらの作品に盛って食べることは、陶磁器の本質的な価値を体感する貴重な体験となる。

また、ギャラリーでは、陶磁器を「贈る」「設える」「（草花を）生ける」「（酒を）呑む」「（お茶やコーヒーを）喫《の》む」……といった提案を、展示として鑑賞できる。ここで展示に使用されている陶磁器には、有田焼創業４００年事業で新たに開発された商品が多く含まれ、「USEUM ARITA」全体のコンセプトと概要を解説する図録「USEUM ARITA MENU」では、佐賀県がこれまでに取り組んできた４００年事業全体も紹介している。

さまざまな情報発信と広範なコミュニケーションプラン。

「USEUM ARITA」は、集客装置ではあるが、集客自体を最優先している施設ではない。レストランの予約は、１日に１００人程度。話題性はあるが、決して大きな集客力をもっているわけではない。むしろ九州陶磁文化館の催事と「USEUM ARITA」が相乗効果を上げ、有田のユニークな試みとしてさまざまな形で情報発信されることに期待している。

そのため、新聞、雑誌、テレビなどの既存のメディアを使った広報活動に力を入れる一方、来場者個人がSNSで情報発信したり、図録を持ち帰って口コミで「USEUM ARITA」の概要を広めたりといった、個人の情報発信を促すように工夫した。具体的には、ギャラリーの展示物に手で触れることができ、デジカメや携帯電話での写真撮影も可。オールカラーの図録も無料配布とした。

地域活性化や街づくりを目的とした期間限定型のパビリオンやミュージアムは、集客だけをめざすのでは不充分な時代になってきた。施設を訪れる人だけでなく、施設を訪れない人々とのコミュニケーションも視野に入れ、広範に波及するコミュニケーションプランが求められている。

キーとなるのは、SNSやネット媒体など、個人メディアやターゲットを絞ったマイクロメディアである。施設のプランニングのためのチーム編成、制作物、またこれらに要する予算の配分など、従来のイベントとは異なる発想と実施計画が求められている。

「贈る」コーナーでは、有田焼を採用したパーソナルギフトを提案。産地に対しては、ビジネスモデルの提案でもある。

佐賀県
有田町

Case study
22
Aritacho, Saga

産地衰退の歯止め
知見の蓄積・共有
ものづくり

生産者の情報共有でものづくり力を高める。

有田焼創業400年事業の一環として立ち上がった有田価値創造研究所は、産地のものづくり力強化をめざした取り組みだった。それを可能にする事業者のネットワークが、今、確立されつつある。（下川一哉）

ものづくり力を向上させる仕組みと人づくり。

佐賀県の伝統工芸産業、有田焼（伊万里・有田焼）は、2016年に創業400年を迎えた。朝鮮陶工の李参平がこの地で磁器を焼いて以来、有田は日本を代表する窯業産地として日本の焼物文化、産業と地域経済に大きく貢献してきた。

その一方で1990年代初頭をピークに、陶磁器の出荷額は大幅にダウン。

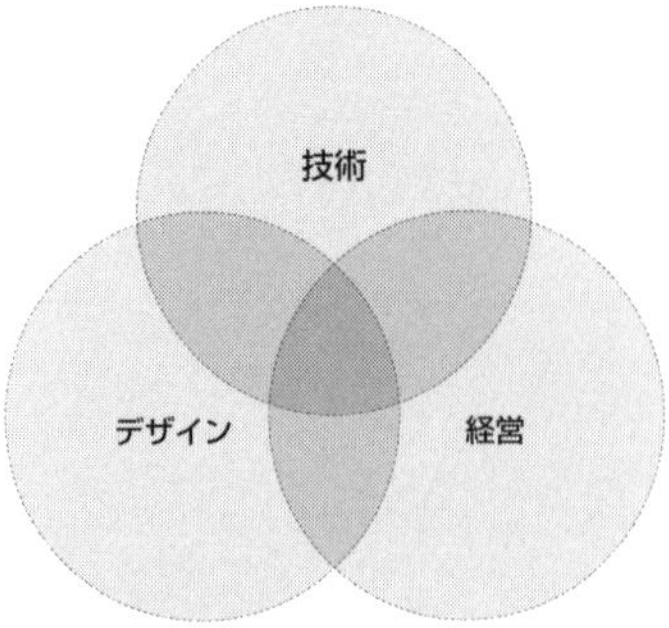

ものづくり力の低下は、技術・デザイン・経営の、総合強化で解決できる。

アリラボには、毎回100人程度が参加。産地事業者のほか、地元のメディア、学生が発表や報告を聞く。

最盛期の６分の１程度に縮小した。佐賀県が２０１３年から取り組んできた「有田焼創業４００年事業」は、こうした産地の衰退に歯止めをかけ、この地の窯業を再び成長路線に乗せるための施策と言える。

主要事業だけで17プロジェクトある有田焼創業４００年事業のうち、ここで紹介する「有田価値創造研究所（通称アリラボ）」は、直接的な売上増を目的としたものづくり事業ではない。むしろ、弱体化していた産地のものづくり力を強化するための仕組みづくりであり、そのための人づくりという側面を担っている。

アリラボは、産地の事業者やメディア、学生を対象に１、２ヵ月に１回のペースで、有田で開催される勉強会という形で、２０１４年にスタートした。４００年事業への取り組みが本格化する前に、デザインや海外市場開拓、リサーチ、マーケティングなどについて、すでに実績のある他産地の事業者やプロデューサーを招いてセミナー形式で学ぶことから始めた。

この段階では、産地外の知見やノウハウを学ぶ色彩が強く、アリラボ自体が求心力を強くもつまでには至らなかったが、産地内の事業者や佐賀県の有田焼創業４００年事業グループのスタッフらが早くから顔を合わせ、４００年事業に関する情報の共有やモチベーションの醸成などに一役買ったことは間違いない。

２０１５年に入り、アリラボは次の段階に入る。まず、アリラボに参加する外部プロデューサーを中心に国内市場開拓事業「ARITA REVITALIZATION」と「ARITA SELECTION」がスピンアウト事業として始動。経営改革やブランディング、既存商品の活性化などに産地が取り組むレールが敷かれ、メーカーと商社を交えて

海外でのテストマーケティング事業「SEEDS of ARITA」のディレクターを務めた丸若裕俊氏が、事業の概要を報告。

400年事業に取り組む基礎をつくることに成功した。

また、2015年は17プロジェクトがものづくりやその発表を始め、参加事業者やプロデューサー、デザイナーらに情報や知見が蓄積しはじめた時期でもあった。そこで、そうした情報を産地全体で共有するため、セミナー形式のアリラボから報告会形式のアリラボへ、大きく舵を切った。

普段のビジネスでは決して共有されることのない情報が、参加事業者から参加していない事業者に向けても積極的に開示された。こうしたことは、県の支援事業だからこそ可能になったことであり、アリラボというオープンな場を定期的にもつことで、その機会を得たと言える。

ネットワークを活かし、生産者自らが企画・運営する段階へ。

400年イヤーの2016年に入ると、アリラボのミッションは、情報発信に方向転換した。

有田焼400年事業が大きな節目から終了に向かうなか、その成果を産地内外に向けて広く広報していくことが重要とされた。そのためにアリラボ内で立ち上げた事業が「USEUM ARITA（ユージアムアリタ）」（124頁参照）である。

これは、「USE＝使う」をキーワードにした体験型の期間限定施設。鑑賞することを主目的とした美術館「九州陶磁文化館」のオープンデッキに、8月中旬から11月下旬まで

（12月25日まで延長）の期間限定で開業したレストラン＆ギャラリーである。有田内の人間国宝や著名な窯元の作品でブランチやランチを楽しめることが話題となり、期間内に1万人を超える集客を達成した。

アリラボの目的は、こうした事業を産地内の事業者が自主的に企画し、運営するための仕組みとネットワークづくりである。そのためには、既存の技術支援に加え、デザインとビジネス面を強化する支援を、佐賀県が産地事業者の自主性を引き出しながら行っていくことが必要だ。

また、17に上る４００年事業で得た人的ネットワークも、４０１年以降の事業展開に欠かせないリソースとなるはずで、その関係維持にも努める必要がある。

アリラボは、佐賀県と外部から招聘したディレクターやプロデューサーを中心に立ち上げたプロジェクトだが、その主役は産地の事業者に移行しなければならない。支援から自立、自走への道筋を見つけることこそ、ポスト４００年の最大の課題と言える。

400年事業を通して、経営改革からものづくりまでに取り組んだ事業者自身が、そのプロセスと成果を発表。アリラボの主役はあくまで産地事業者。

北海道ニセコ倶知安地域

Case study 23

Niseko, Kutchan area, Hokkaido

外貨獲得
日本版ＤＭＯ
インバウンド

日本版ＤＭＯで地域経済を向上させる。

地域経済が縮小していく現況にあって日本版ＤＭＯの成功例とされる北海道ニセコ倶知安《くっちゃん》地区。その取り組みから「地域の稼ぐ力」の根幹を探る。（鴨志田由貴）

地方経済活性化のポイントは外貨獲得。

２０１４年５月、民間研究機関の日本創成会議から、２０１０年から30年間で全国約１８００の市区町村のうち、約半数にあたる８９６市区町村が消滅する可能性があるという衝撃的な発表があったことは記憶に新しい。特に秋田県は大潟村を除くすべての市町村が含まれていた。

国家的な課題である人口減少は、地方においては喫緊の課題であり、特に

アイコンの活用など工夫されたガイドブック。

外国人観光客にもわかりやすいニセコのバス停の標識。

就労人口と2人以上世帯収入のダブル減少による消費の落ち込みは激しく、地方財源の縮小は留まることを知らない。

これまで地方自治体はUターン・Iターンや高齢者の地方暮らしの推奨を行うなど、人口増加を狙った移住を促進してきた。しかしながら、日本全体の人口が減少している状況において、的を外した対策としか言いようがない。

そのため昨今政府でも地方経済活性化のポイントとしてインバウンド需要に大いなる期待を寄せており、積極的な訪日外国人の誘客施策を地方に求めはじめた。地域を一つの集客装置と見立てて、観光集客を推進するプラットフォームの形成を行う日本版DMO（Destination Marketing/Management Organization）を積極的に推奨している。

つまり、交流人口と呼ばれる地域外からの観光客等を増加させることで地域内消費を促し、継続的に地方経済の向上を狙うということだ。

ここで、2000年初頭にインバウンド増加により成功した、ニセコ倶知安地域の例を紹介しよう。

地域売上の増加を実現した ニセコ倶知安地域の施策。

ニセコ倶知安地域は、日本国内においてスキーリゾートとしてトップブランドであり、多くの観光客で賑わっていた。しかし1990年前後、バブルの恩恵を受け

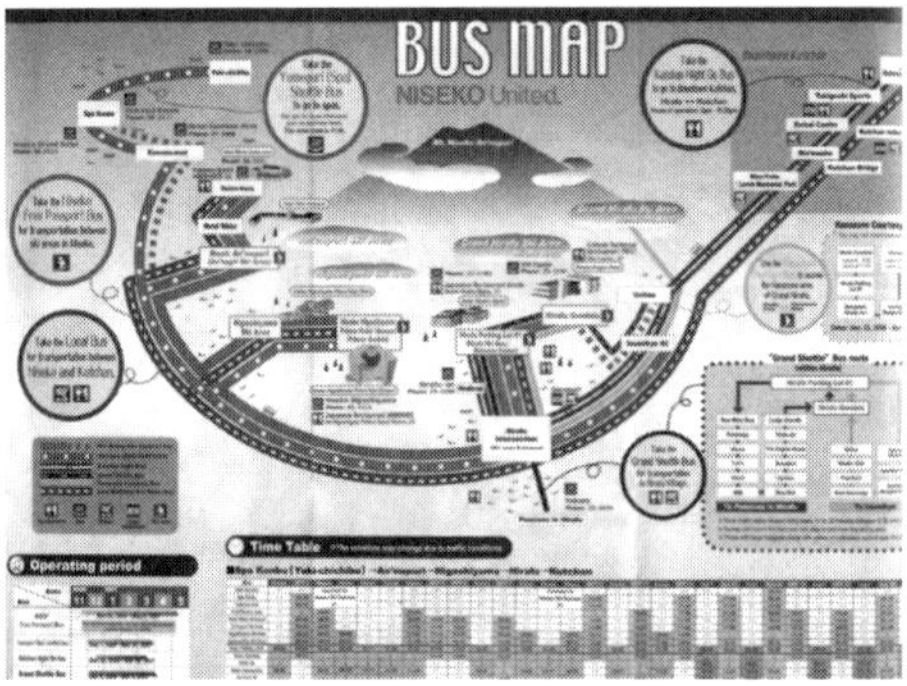

数字だけだったバスの時刻表をヴィジュアルにした。

た多くの日本人はその足を海外へ向けはじめ、当然のように国内観光客は減少する。その代わりに季節が真逆のオーストラリア人スキーヤーから評価され、海外からの観光客で盛り返しを見せていたが、2000年に入るとインバウンド客数が減少しはじめてきた。

その理由の一つは、日本語しか表記がない環境に対する不便さにあった。地図や道路標識の外国語未対応もさることながら、多くの英語圏はどんな小さな道にもストリート名があるが、日本の道路には名称がついていない。これによって自分がどこにいるのかわからず、また行きたい場所へもうまく行けないという不便さがあったのだ。

さらにもう一つは、宿や居酒屋の4分の1に「外国人お断り！」の張り紙が貼られるなど、地元住民が決して歓迎しているわけではないことが要因だった。

当時日本はバブル崩壊の波に飲まれ、国民意識は観光どころではない。そんななかでニセコ倶知安地域の自治体は「もう国内の観光客に期待はもてない」と腹をくくり、外国人観光客の集客に目標を定め、住民を巻き込んで対策を講じる。

無味乾燥な地図はイラストを多用した視覚的にわかりやすい地図に変更し、小さな道にも名称をつけ、標識や交通網の案内を多言語化した。また、インターネットや小冊子を活用した海外向けメディアガイドも徹底的に行ったことで、ナショナルジオグラフィックが提案する「日本ですべきことトップ10」の5位に「北海道ニセコでのスキー」がランクインし、イギリスの不動産会社の富裕層に対する人気保養地調査ではアジア・オセアニア地域で4位に入った。

その結果、2002年の1万2000泊だった年間外国人宿泊数が、10年後には50万泊という驚異的な伸びを見せ、地域経済を飛躍的に向上させることができた。

外国では一般的な通りの名称が日本ではない。これが外国人には不評だった。名前と英文の標識をつけることで目的地に行きやすくなった。

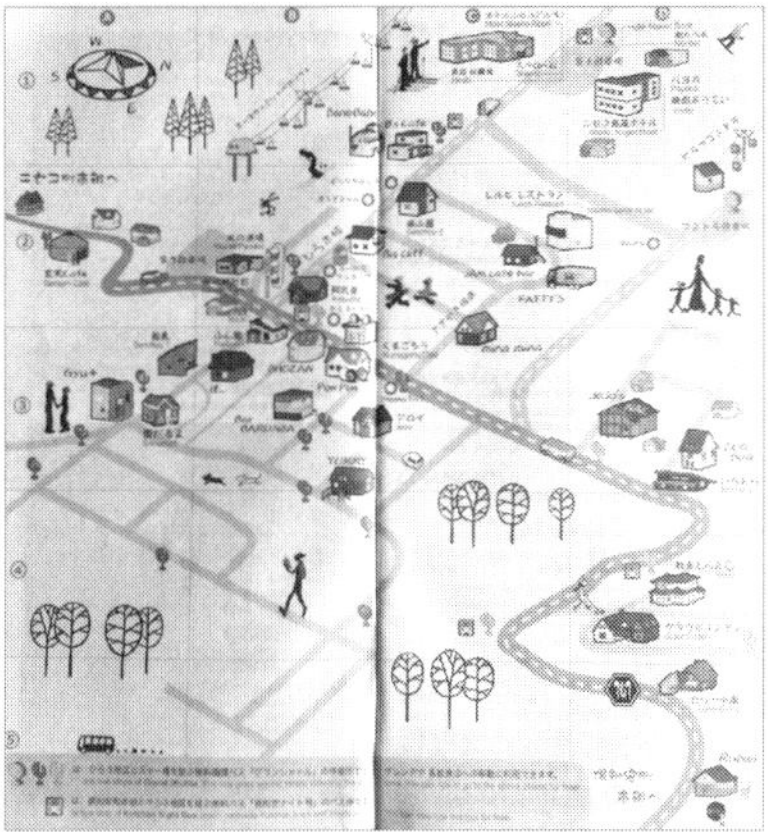

日本版ＤＭＯを成功させる鍵は人材育成にあり。

ニセコ倶知安地域の成功は、一見簡単そうに見える。しかし、同じことをやったとしても同じ成果はきっと上がらないだろう。なぜならば、当初、「外国人お断り！」の張り紙があったように、地方において住民たちと外国人とのコミュニケーションは非常に困難だったからだ。

これを解決することができた大きな要因は、人材育成である。減少する一方の地域経済に歯止めをかけて向上させるには、地元住民たちが一つの目標に向かい、課題を共有して自分たちの手で対策を講じることが重要であり、継続的な発展に繋がる。そのために的確な人材育成制度は欠かせない。

今、政府主導で日本版ＤＭＯが各自治体で重要視されている。私たちが運営している地方創発計画では、インバウンド増加を狙う宮崎県小林市において日本版ＤＭＯの導入にあたっての人材育成を始めたところだ。

機能しない器だけをつくって終わらせないためにも、まずは人材育成制度の導入をお薦めしたい。日本版ＤＭＯは緒についたばかりなのだから。

愛媛県
南予地域

Case study
24
Nanyo area, Ehime

住民起点
資産の掘り起こし
継続する仕組み

地域住民や地元企業だからこそできることを継続する。

「えひめ町並博2004」は開催から10年以上を経て今なお進化、事業継続するエリアブランディングの好例だ。その成功の要因は徹底した住民起点にある。（宮本倫明）

イベント成功の鍵は活用できるソフトインフラ。

2004年（平成16年）の4月から10月にかけて、愛媛県の西部・南部からなる南予地域で、大洲・内子・宇和など古い町並みが残るエリアを中心に、観光振興イベント「えひめ町並博2004」が開催された。

「第一回日本イベント大賞」（（社）日本イベント産業振興協

松本零士氏のキャラクターを起用した「えひめ町並博」のプロモーション。

長期的視点での街づくり型観光プロモーションの継続

会）、「日本PRアワードグランプリ」（社）日本PR協会）、「ふるさとイベント大賞選考委員特別賞」（財）地域活性化センター）など多くの受賞を果たしたので、ご存知の方も多いかもしれないが、約半年の期間中に174万人の来訪者を迎え、その5割以上が県外から、8割以上が南予以外からの観光客という、一定の成功をおさめた観光振興イベントだった。

行政が企画するイベントというと一過性のその場限りの賑やかしで、後に続かないなど、街づくりにおいては否定的に捉えられるケースもあるが、「えひめ町並博」が特筆すべきイベントであった理由は、10数年たった今でもその当時のプログラムや仕組み、言わば「ソフトインフラ」が残っており、後継組織が数年に一度、そのインフラを活用した「いやし博」「町並博」など、大型キャンペーンをコンスタントに継続、実現できている点にある。

その要因となったものは何か？　実際に企画・プロデュースした立場から考えるに、次の2つのポイントがあったのではないかと思う。

徹底した地元住民との対話から生まれたオリジナルコンテンツ。

まずは、地元住民との対話の場を徹底させたことが挙げられる。28市町村（当時）すべてにおいて地域づくりに関心のある住民やグループと座談会を何度も開催。地元の歴史や風土、風俗習慣について互いに教え合い、地域に眠る資産の掘り起こしを行ったことで、外部の企画会社やコンサルタントには思いもつかないユニークなおもてなしのプログラムアイディアが続々と出てきた。

「昔はロウソクの光の中で祝言をあげていたもんだ」という何気ないひと言から実現した宇和

町（現 西予市）『甦れ！ 明治の婚礼』には、北海道からも問い合わせがきたり、全国の写真ファンが押し寄せるなど、事業の継続に繋がった。内子町の『僕らの町にレトロバスを走らせよう』では、会期終了後、グループでNPO法人を設立し、バスも3台に増やすなど、本格的な旅客輸送業に進化したプログラムも生まれた。

こうした、住民のスタート時点からの参画は、単に地元オリジナルのアイディアが出てくるという利点のみならず、実際のプログラムの実施段階で担い手になっていく（担っていこうという意識が芽生えていく）という点で、大いに効果があったと思われる。また、意見交換の段階からプロデューサーが介入することで目利きの役割を果たしたり、お金を取ってサービスを提供する観点から各種の専門家が指導、助言する制度を設けたことで、どこにでもある平凡な体験内容として埋没しないよう、一定のレベルを保つこともできた。

お金がまわらないと続かない。継続するための仕組みづくり。

次に、広域に広がるプログラムの取りまとめや、トータルのイメージ形成・情報発信のためのセンター機能をつくったことが挙げられる。「えひめ町並博２００４」開催の翌年に、大洲市の街づくり会社、株式会社おおず街なか再生館が中心となって、旅行業法に基づく第二種の登録を行った。たまたま、経済産業省が公募していた集客交流事業のコンペに応募し、当選したことがきっかけとなり、当時まだ珍しかった着地型旅行業をスタートすることになった。

お隣の高知県とも連携してつくった旅行商品「わらじで歩こう、龍馬脱藩の道」は、編笠を被っ

（写真上）蝋燭の光の中であげる祝言：宇和町卯之町・明治の婚礼／（下）現在も事業を継続するレトロバス。

た浪人を写したイメージ写真が好評でヒット商品となり、現在も看板メニューの一つとなっている。おおず街なか再生館専務の河野達郎氏が、季節ごとに南予の魅力ある観光商材を首都圏の旅行会社などに売り込みに行った結果、航空会社が自社商品として扱ってくれたことがブレークの起爆剤となった。ちなみに、おおず街なか再生館は、街の駅「あさもや」を運営し、旅行業をスタートするにあたり、旅行事業単独では採算が合わないところを、飲食販売やお土産販売との3本柱で事業構成することとした。

道の駅のような施設は観光客比率が高く、食事や体験などの地元の情報提供から物販に結びつけやすい。ここから周辺地域へ人を誘導するためにも、道の駅などでの旅行業展開は理にかなった方策である。

現在、こうした地域の集客資源を地域の人がマネジメントし、体験・地域密着型の旅行を企画、販売する流れは加速し、ネットなどの情報インフラの普及と相まって、地域の観光・集客戦略の大きな柱となってきている。

国においても第三種旅行業者の要件緩和や、よりハードルが下がった「地域限定旅行業」などを創設し、地域の主体的事業活動を支援する環境を整えている。観光産業における「自分たちの地域を自分たちで売りこむ！」住民主権の復活（Re-public）に期待したい。

三重県
全域

Case study
25
The whole Mie area

夢と課題
絆の創出
行政区を超える

地域の課題解決に行政区を超えて繋がる。

「美《うま》し国おこし・三重」は、県下全域で取り組んだ地域づくりだ。行政区域を超えて繋がる住民活動は難しいがゆえに、実現すれば手応えも成果も大きいようだ。（宮本倫明）

住民自らが取り組む「ソフトの公共事業」。

ＮＨＫで「難問解決！ご近所の底力」という番組があった。地域の困りごとや悩みを、ご近所の住民同士が知恵を出し合い、助け合うという構図が人気で８年間続いた人気番組だった。同じＮＨＫでも「プロフェッショナル 仕事の流儀」のように一人のプロが課題を解決する図の対極にある、市井の住民同士が知恵を出し

森林の間伐に挑む（関大サッカー部 in チャレンジキャンプ）。

合い難問を解決する構図は、まさに現在の地域づくりにおいて求められているものではないだろうか。

この構図を地域づくりに、それも一商店街、一地域ではなく、県全体で取り込もうとする社会実験が三重県で行われた。２００９年（平成21年）から２０１４年（平成26年）の６年間にわたり、三重県全域を舞台として展開した地域づくりの総合支援事業「美《うま》し国おこし・三重」。これはまさに市井の住民同士が市町の行政区域を超えて繋がり合い、夢の実現や課題の解決に自分たちで取り組む「絆の創出」、「ソーシャルキャピタル創出」をめざしたこの規模では全国初のソフトの公共事業として注目を集めた。

６年間に７４３のパートナーグループが登録し、さまざまな取り組みを行った。あまたのドラマが生まれ、地域の未来や可能性を切り開いたプロジェクトが数多く立ち上がったが、ここでは紙面の都合上２つの事例を紹介する。

何もないところから生まれた チャレンジキャンプ「あしたの力」。

伊勢地域を拠点としてJリーグ入りをめざしているプロサッカーチームを率いる中田一三氏（株式会社ニッシュウプラン）が中心となって、三重県尾鷲市紀北町の住民グループと大学のサッカー部の合宿誘致に取り組んだ。しかし、地域に公式サッカー場はない。

耕作放棄地の開墾に挑む
(関大サッカー部inチャレンジキャンプ)。

同時期、中田氏と同じ高校のサッカー部の仲間で関西大学サッカー部の島岡監督もある課題を抱えていた。「選手の身体能力やスキルは、他大学の選手と比べて大きな差異はないが、何かが欠けている」と。それは創造性であったりコミュニケーション能力であったりということまでは分かっているが、それを鍛える手段がない。

そこで両者は話し合い、サッカーボールと財布と携帯（学生にとっては三種の神器！）を取り上げて、荒れた休耕田の開墾や人手不足で追いつかない林地の間伐など、地域の課題に学生たちを向き合わせることにした。チャレンジキャンプ「あしたの力」の試行実験だ。道具は用意するがアドバイスも大人の手伝いもなし。

初日に与えられた開墾予定の面積の2割も達成できなかった学生たちは、夜、誰が声をかけるでもなくミーティングを始め、作戦を練り、3人1組のチームを編成し、残りの1日ですべての開墾を達成した。田んぼのオーナーは初日の様子で諦めていただけに、夕日に染まる生まれ変わった田んぼを見て号泣した。その姿に学生たちもまた、感動した。この年、前半戦6位だった関大サッカー部は、合宿後の後半戦を見事に勝ち進み全国大会で優勝した。

このような合宿は全国どこでもできるはずだが、見落としてはならないのは、自分たちのフィールドを貸し、お膳立てや準備をし、学生たちを迎える地域住民と中田氏たちのようなパイプ役との絆がなければ成立し得なかったことだ。

県外にも繋がった「22世紀奈佐の浜プロジェクト」。

愛知県や岐阜県からの参加者も集まった奈佐の浜清掃（22世紀奈佐の浜プロジェクト）。

伊勢湾には、木曽三川から年間1万トンの漂流ゴミが流れ込む。その半数は、反時計回りに流れる海流とともに、伊勢湾に受け口のように突き出た鳥羽市に漂着する。なかでも答志島にはもっとも大量のゴミが流れ着く。四日市市で海ガメの産卵を復活させた「四日市ウミガメ保存会」の森一知氏がこの現状を知り、動いた。「100年間で答志島への漂着ゴミをゼロにする」という「22世紀奈佐の浜プロジェクト」のスタートだった。

まず、「美《うま》し国おこし」に登録している複数の海岸清掃グループと行政区域を超えて連携の会合を重ね、地元漁協と話をし、次いで木曽三川流域を有する岐阜県、愛知県の環境保護グループに声をかけた。平成24年第一回目の清掃イベント当日には、両県から大型バスが何台も駆けつけてくれ、フェリーを乗り継いで答志島へ200数十人が渡った。港から奈佐の浜へは徒歩30分、歩ける者は歩き、高齢者や子どもは地元の人たちが車を出してピストン輸送で送迎した。

人海戦術で瞬く間に海岸が綺麗になる。清掃活動が終わると港近くの公民館に再集合し、環境勉強会を開催。台風が来ればまた、元の木阿弥。ゴミが押し寄せるという現実を知り、参加者はどうすれば漂着ゴミがなくなるのかを真剣に考える。拾っても拾ってもキリがない。が、今年も彼らは活動を継続し続ける。

「地域創生」「地域づくり」は、住民主体で進めていくことが世間の常識になってきた。しかし、行政が何もしない、もしくは足を引っ張るということがあってはならない。住民との対話を重ね、前例にとらわれずに大局観をもって地域づくりをサポートする。その政策を生み出す知恵が今まさに行政に求められており、三重県のこうした例は、きっと参考になるに違いない。

山形県 鶴岡市

Case study
26
Tsuruokashi, Yamagata

地場の再編集
地域の食文化
世界水準の価値

文化としての「食」。地域の当たり前を再編集する。

ユネスコの創造都市ネットワーク加盟の認定を契機に鶴岡市は、「食文化」に特化した地域再生を果たそうとしている。（高宮知数）

閑散とした駅前に象徴される衰退地方都市が……

山形県鶴岡市。人口14万人弱と県内第二の都市である。小説家藤沢周平の出身地であり、最近では、アカデミー賞受賞映画「おくりびと」をきっかけとして誕生したスタジオセディック庄内オープンセットから多数の映像作品が生み出されている。

これらの観光資源も加わり、年間観光客数700万人は県内随一であり、

マリカ東館（奥がJR鶴岡駅）。

教育啓蒙の伝統と制度×海外からの地域資源評価＝自信の回復

- 現状、課題（一般的認識）
  駅前大型店閉店、商店街衰退／駅の結節点機能低下
- 行政主導集客施設 → 行き詰まり
- 自律的啓発学習意欲 → 海外からの評価＝ユネスコ創造都市
- 自信の回復　ワークショップを契機とした起業
  東都のれん会等連携先探索／プレ事業と市場調査の実施
- 駅前空き店舗再整備
- 官民一体での食文化情報発信　体感体験、専門家育成拠点へ

ユネスコ食文化創造都市鶴岡シンボルマーク

クラゲが売りの市立加茂水族館には年間１００万人が訪れ、「ミシュラン・グリーンガイド・ジャポン」で、出羽三山神社で有名な羽黒山の「杉並木」が3つ星、「注連寺」など7ヵ所が2つ星、「致道博物館」など8ヵ所が1つ星を獲得したことから、欧米からの訪日外国人も増加している。

　また最近では、慶應大学先端生命科学研究所の設置や強靭かつ柔軟な「蜘蛛の糸」を現代技術によって製品・量産化したスパイバー株式会社が創業、世界中からミーティングに訪れるビジネスマンも増加している。

　しかしながら、70年代には1日５０００人超の乗客数を誇ったかつての表玄関JR鶴岡駅は、羽越本線の特急停車駅でありながら、現在では1日の乗客数１２００人に留まっている。駅前商店街もかつての賑わいはない。戦前からの駅前商店街は、１９７１年にはジャスコが開業し、さらに１９８７年に大型商業施設マリカがオープン。６階建ての東館には開館当時約35のテナントが入居し、大いに賑わったものの、２００５年のジャスコの郊外移転を契機にマリカのテナント数は減少し、２００７年7月に閉館。2階から上には市の施設等が入居したが、１階は閉じられたままであった。地元山形新聞（２０１６年5月21日付記事）によると、「市では、（マリカ）東館の活用は07年から市や関係者が、公共利用を含め協議してきたが、なかなかまとまらなかった」という。

　そうしたなか、２０１４年12月に鶴岡市はユネスコの創造都市ネットワーク食文化部門への加盟を国内で初めて認定された。これは、ユネスコが世界遺産に次いで２００４年から始めた、映画・工芸・デザインなどの創造産業7分野から世界

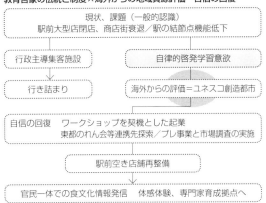

精進料理を育んだ山伏の修業：
出羽三山神社 秋の峰入。

在来作物・平核無（庄内柿）。

でも特色ある都市を認定する制度で、国内では神戸市（デザイン）、名古屋市（デザイン）、金沢市（工芸）、札幌市（メディアアート）などと大都市が多く、現在、鶴岡を含めて7都市しか認定されていない。

ユネスコ創造都市加盟を機に「食文化」をキーに企画・事業化が進む。

そもそも「食」は、観光に不可欠な要素である。京都や金沢の懐石料理や、大阪の粉モンなど各地のB級グルメのように、「食」で有名な都市や人気の観光地も全国に散在するなか、なぜ鶴岡なのか。ポイントは食「文化」という点にある。

「食（フード）」でなく、「食文化（ガストロノミー）」と称するには、単に食材や料理が豊かなだけでは駄目であり、長い歴史と気候風土のなかで、土地の人々の食への取り組みと想いが「文化」と呼ばれるだけの厚みと実績を生み出していることが求められる。

その点で鶴岡は、つや姫やだだちゃ豆に代表される質の高い食材を生み出すために、長年篤農家が品種改良に取り組み、在来作物と呼ばれる地域固有の農作物も40種類を超える。世界水準の食にまつわる物語を描き、地域資源として見つめ直し、再編集することで、全国の食の有名どころより先に認定を受けることができたのである。このことが鶴岡の人の〝自啓魂〟に火をつけた。

ユネスコ加盟と時を同じくして、14年度に市内の30～40歳代の経営者たちによる旧マリカ東館の再生を検討するワークショップが開かれ、集まったなかから、街づくり企画会社

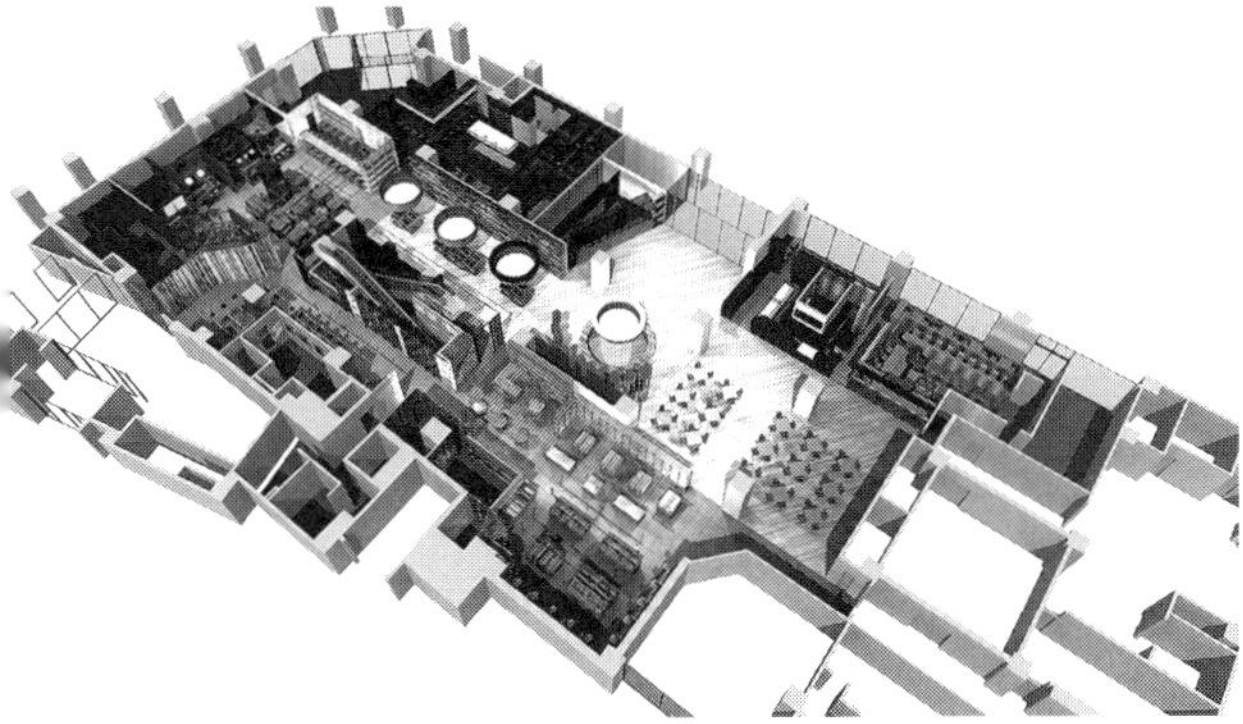

民間行政一体で食文化を発信する FOODEVER
完成イメージ。

つるおか食文化市場
FOODEVER
フーデェヴァー

鶴岡の食文化をモチーフにした
FOODEVER ロゴ。

「Ｆｕ－Ｄｏ」が誕生する。

民間の動きと呼応して、市でも15年4月に旧マリカ東館に鶴岡の食文化を楽しめる施設整備という方針を固めた。幸いにして、中小企業庁や観光庁等の補助金交付が決定し、Ｆｕ－Ｄｏによる鶴岡の食材にこだわった飲食店と食物販店、市による観光案内を含む食文化に関する情報を総合的に発信する施設として、旧マリカは２０１７年度の開店をめざして事業化がスタートした。

さらに、鶴岡出身で、地元食材へのこだわりで知られる奥田政行シェフも加わり、自身の人気店を移転開店させることになった。それとともに、日本の食文化をしっかりとした技術と知識で世界に情報発信できる若手料理人の育成のための講座研修の開催や、チャレンジショップの導入も進められている。

人材も資源も資金も、大都市に比して乏しいのは、鶴岡も他の地方都市同様である。ただ鶴岡市では、近隣や同規模の都市を参照したり競争相手とするのではなく、自らの文化資源を再発見し、自信を回復し、一気に世界水準ブランディングをめざしたことが特徴的であり、成功の鍵となったのである。

世界水準の地域の価値を見出し、それを分かりやすく体験・体感してもらうための事業化を図る。そこに大胆に人と資源を投入することで、次のステップへ鶴岡は進もうとしている。

奥田政行シェフと（株）Fu-Do のメンバー。

ケーススタディ

第5章
暮らし再発見

愛知県豊田市
埼玉県深谷市

Case study 27
Toyotashi, Aichi
Fukayashi, Saitama

循環型再生
エコシティ
ガーデンシティ

コンセプト特化型の地域にふさわしいプロジェクト。

再開発における官民競争入札で使用発注から性能発注への転換を促すのは、新しい交流文化や新業態を生み出すことである。そこで大切なのは、新しい街のデザインメッセージだ。（赤池 学）

低炭素社会のテーマパーク、「とよたエコフルタウン」。

トヨタ自動車の本社がある愛知県豊田市は、自動車関連産業を中心に多様な産業技術が集積するものづくりの街である。しかし、その7割が森であることをご存じだろうか。市町村合併により、多くの山間地、中山間地を抱え、豊かな森林資源をもつ街でもあるのだ。そんな2つの顔をもつ豊田市は、国の「環境モデル都市」に選定され、自動車、エネルギー、住宅、交通、流通

超小型EVをシェアするシステムも整備されている。

趣味を活かしたお家カフェを
備えたスマートハウス。

など、地元企業が協力して「豊田市低炭素社会システム実証プロジェクト」を進めてきた。

そのシンボルが、筆者がプロデューサーを務めたスマートシティのテーマパーク「とよたエコフルタウン」である。住居内外のネットワークやインフラを利用し、エネルギー消費を最適に制御する「スマートハウス」が注目されている。太陽光発電や燃料電池でエネルギーを自宅で創る「創エネ」、発電したエネルギーを住宅用バッテリーで蓄電する「蓄エネ」、そして多様なエネルギーをマネジメントして節電する「省エネ」システムを備えた家である。「とよたエコフルタウン」は、こうしたスマートハウスやそれらが集積したスマートシティの学習や体験、実証実験などを行う低炭素社会のテーマパークである。

そこには、豊田市が整備した「学習パビリオン」を中心に、市内の食材を提供する地産地消レストラン「ホガラカ」、燃料電池自動車やバスに水素を供給する「水素ステーション」、超小型ＥＶや電動自転車をシェアできる「スマートモビリティパーク」、市内を循環する「デマンドバス ＩＴＳシステム」などが整備されている。

なかでも特筆すべきは、エコロジカルで豊かな4つの暮らし方を提案するスマートハウスである。トヨタホームは、「クルマとつながる家」をコンセプトに、「ＨＥＭＳ（ホームエネルギーマネジメントシステム）」で、蓄電した電気を家と自動車の双方で効率的に活用する住宅を出展。ナイスホームは、地場の矢作川流域材を使った「森でつながる家」を出展し、木の温もりや太陽の光など、自然の恵みを最大限に活かした暮らしを提案している。

さらに大和ハウスは、山間地や中山間地で成立する「住み継ぐ家」をテーマに、住宅の一角で父親の趣味を活かした蕎麦屋、母親や娘の趣味を活かしたケーキ屋やブーランジェリーなどが経営できる「お家カフェ」をもったスマートハウスを提案。ＬＩＸＩＬは、新開発した集成材の門型フレーム工法「スマートスケルトン工法」による、柱のない大開口、大空間を実現する「住まいの環境技術総合パビリオン」を建設し、そこには外の風を住宅に取り入れる「ウインドキャッチシステム」を導入。環境対応リフォームなどの情報発信を始めている。

こうしたスマートハウスをつないでいるのが、交流広場となるガーデン、緑に富むフットパス、地域の植栽を再現した庭である。デザイナーは、庭づくりの世界的権威、「チェルシーフラワーショー」でグランプリをダブル受賞したガーデンアーティストの矢野TEAさんだ。

「家庭」という言葉が、「家」と「庭」でできているように、住宅に併設される菜園や坪庭は、家族で農業を体験することができ、季節になれば鳥や虫たちが集う「感性装置」であると同時に、光や涼気を取り込む「天然のスマート装置」である。先端技術と生態系サービスを知的に享受できるスマートハウスが集積する未来の街を、行政と企業、そしてクリエイターが連携して形にしたのである。

ガーデンライフシティをめざす埼玉県深谷市の場合。

豊田市同様に、エコロジーかつ明確なコンセプトをもった再開発が、埼玉県深谷市でも進んでいる。

深谷ネギで有名な埼玉県深谷市は、ネギ、キュウリ、ブロッコリーなど、安心安全な野菜づくりや花卉《かき》栽培を続けてきた首都近郊の農業王国であり、ひな人形メーカーも近隣に集積する伝統文化の街でもある。

（写真右頁）燃料電池自動車やバスが利用する「水素ステーション」。（左頁）深谷市の有機的に継続可能なサスティナブルガーデン（右）と、軽敏なコンテナでできたショップ。

そんな深谷市に、旧園芸研究所をリデザインしたテーマパーク「緑の王国」がある。その一角につくられた「深谷サスティナブルガーデン」が、今、新しい庭づくり、公園づくりのモデルとして熱い注目を集めている。

サスティナブルガーデンとは、近年、ヨーロッパで提唱されている新しい庭づくりの概念で、ゴミを一切出さず、廃棄物をリサイクル利用し、微生物をはじめとする多様な動植物の力を借りて、持続可能な有機ガーデンをつくろうという、新しいガーデンデザインのことである。

「緑の王国」では、そのメインとなる樹木や生け垣は、駐車場をつくるために切られる運命にあった植物が使われている。ブロックをはじめとする庭の構造体も、不法投棄されたコンクリート製品やワインの空き瓶、家にある廃材などを再利用してつくられているのだ。そして、江戸時代のガーデニングを手本に循環型ガーデンをめざし、剪定枝や落ち葉などから腐葉土をつくり、さまざまな樹木や花卉が育てられている。そうした樹木には、市民からのコンテスト公募で選ばれた多様なデザインの「バードハウス」がかけられ、鳥たちはそこで雛を育てているのだ。

こうしたガーデンシステムをデザインしたのも、ガーデンアーティストの矢野ＴＥＡさんである。彼の仕事として特筆したいのは、こうした庭づくりの維持・管理を、市民のボランティアや、自然環境教育のワークショップを通じて、子どもたちを含めた地域住民とともに形にしてきたことである。

こうした地域住民の経験が、今、深谷市に新しい都市文化を生み出した。ガーデンデザインを学んだ市民たちが自宅の庭を、一般に解放・公開する「オープンガーデン」として提供するイベントが定期開催されるようになったのである。

東京都
千代田区
Case study
28
Chiyodaku, Tokyo

住民減少対策
普段着の賑わい
生活文化

都心の再開発をコミュニティ再生を軸に据えて。

大都市中心部の再開発は、とかく集客重視の商業ベースになりがちだ。新たなテナントや入居者が近隣と良好な関係を築くには、地域に密着した「生活文化」へのまなざしが鍵になる。（高宮知数）

都心では「毛色の変わった」淡路町二丁目再開発。

東京都千代田区立淡路小学校。１８７５年に開校したこの小学校は、開校１２０周年まであと３年という１９９３年に廃校となった。理由は児童数の減少。御茶ノ水駅、神田駅、秋葉原駅などに囲まれる都心部でありながら、２００２年、国の都市再生緊急整備地域認定を受けるなど、住民の減少への取り組みが急務であっ

ワテラス全景

街の旦那衆×伝統的生活文化＝若年層の参加

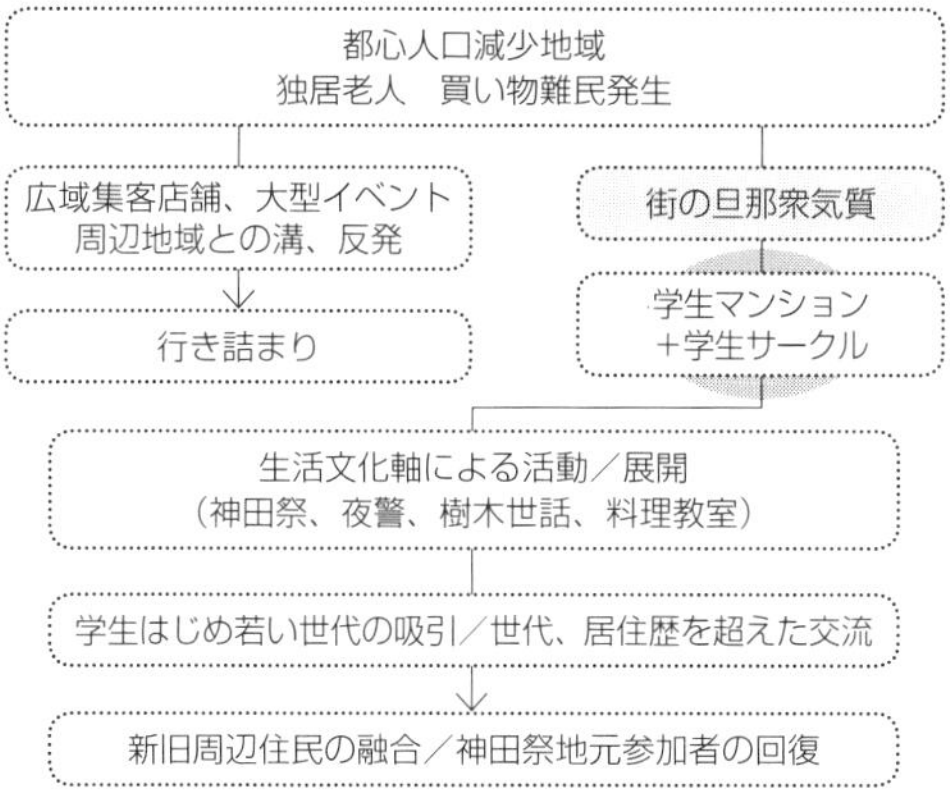

た。そして、都心部で同時期に廃校になった各地域で跡地をどうするかが話し合われ、多くで図書館や美術館といった要望が出されるなか、淡路二丁目の周辺地域だけは違っていた。

再開発において、対象地域の住民は熱心に取り組み、道路一本隔てた周辺は冷ややか。さらには日照権や環境変化に対して反対運動も見られがちである。淡路町二丁目再開発においては、周辺が小学校の校区であったことが幸いし、周辺地域からも熱心に関わる人たちが存在した。「住民が減って学校がなくなったのだから、住民が増えるようにしよう。どうせなら、沈んだエリアを高いシンボリックなタワーを建てて活性化してほしい」など、超高層ビルによる事業を推進したいと、周辺住民も一緒になって区や議会に働きかけた。

そして、ディベロッパーであった安田不動産がその持分を供出したコミュニティスペース「ワテラスコモン」が設置された。ここは、通常は誰もが自由に使えるスペースであり、時には各種講座や料理教室にも変身する「サロン」がある。高い吹き抜けも含めて展示空間でもある「ギャラリー」を備え、会議からコンサートステージイベントにも使われる「ホール」など、コミュニティづくりに活用される施設が置かれている。

また、直営のカフェのほかに和雑貨のショップや花屋さんも入っているが、単なるテナントではない。花屋さんは区の公園と一体で整備された広場のプランを監修した日本大学の山﨑誠子准教授が関わり、住民たちと樹木の世話をしたり植物と親しんだりする、ワテラスガーデニングクラブの基点になっている。

ハード面では、学生マンションがつくられた。周辺の相場より2〜3割安く入居できる代わりに、神田祭、年末の夜警、そのほか子ども向けの地域イベントなど、

2階ギャラリーにある人気の大型デスク。

神田祭時の広場。

毎月地域のコミュニティ活動に参加することが求められる。

生活文化に親しみ「普段着の賑わい」を取り戻す。

前述のガーデニングや神田祭をはじめ、生活文化に関するイベントや活動でコミュニティを活性化させる。これは、初期の検討時のキーワードであった「普段着の賑わい」を発展昇華させたものでもある。

設計段階から、広場に面したサロンには神田祭の神輿の御仮屋が設置されることを盛り込み、全面開放できるようになっていたし、実際にさまざまな飾り付けが映えるようなデザイン、設備仕様がなされた。サロンでは本格的に料理を学んだ元フレンチシェフが定期的に料理教室を開催しているが、周辺の高齢者も楽しめる梅干しの漬け込みであったり、都心らしく時には英語での外国人向けであったり、地域に溶け込んだ内容が意識されている。ガーデニングクラブも含めて、祭り、料理、庭木いじり、と生活文化に親しみ楽しむプログラムが前面に出たものである。

それはある意味で、この再開発に積極的に関わった地域住民である周辺町会の町会長や老舗の店主など地元で商売を代々続けている方々の力によるところが大きい。学生マンションの導入に関しても、彼らが〝シャケ理論〟と呼ぶ「ここで青春を過ごした若者が旅立っていっても、ここを忘れずにいてくれれば何か生まれて帰ってきてくれるだろう」という想いが大きく寄与している。

写真上から、江戸花暦園（ガーデニングクラブ活動）、ワテラスコモン１階サロンでの料理教室、学生マンション入居者の街づくり活動「冬の夜警」、街づくりと再開発の一体化を支え続けた地元の旦那衆。

以上見てきたように、淡路町二丁目再開発は、都心部にしばしば見られる超高層ビルによる事業であるが、人気ブランドショップや話題の飲食店、大型イベントで広域から集客したり、それを再開発のブランディング手段にしていない。代わりにひと言で言えば、ネイバーフット型再開発、とでも呼べるものである。

そしてその成功は、地域貢献策によって特区として容積率緩和を引き出し、事業性を確保するというディベロッパーとしての使命もあるが、それらを含めて、地域に根ざす姿勢と賑わいのある街づくりへのあくなき追求の上に成立したプロジェクトであったことだ。

北海道
沼田町

Case study
29
Numatacho, Hokkaido

互助・共助

徒歩圏内

多機能&複合型

住民にとって「大きな家」のような存在へ。

敷地である中学校跡地を、住民たちが記憶する「四季の公園」のように再生。北国の診療所・待合室を「まちの縁側」としてオープンにつくり、医療と福祉、住民交流施設を複合化し、多世代間の交流の場にした。（古谷誠章）

医療・福祉系施設の合築で住民の健康を守る。

かつては炭鉱の町として栄えた北海道沼田町は、札幌から旭川へ向かう函館本線の深川と留萌本線の留萌を結ぶ途中にあり、NHKの連続ドラマ「すずらん」の〝明日萌駅〟として使われた恵比島駅も、この町内にある。ご多分に漏れず沼田町の人口は急カーブで減少しており、同時に高齢化も進んでいる。現在の人口は約3200人。

中学校跡地をコンパクトタウンの生活基地にする。

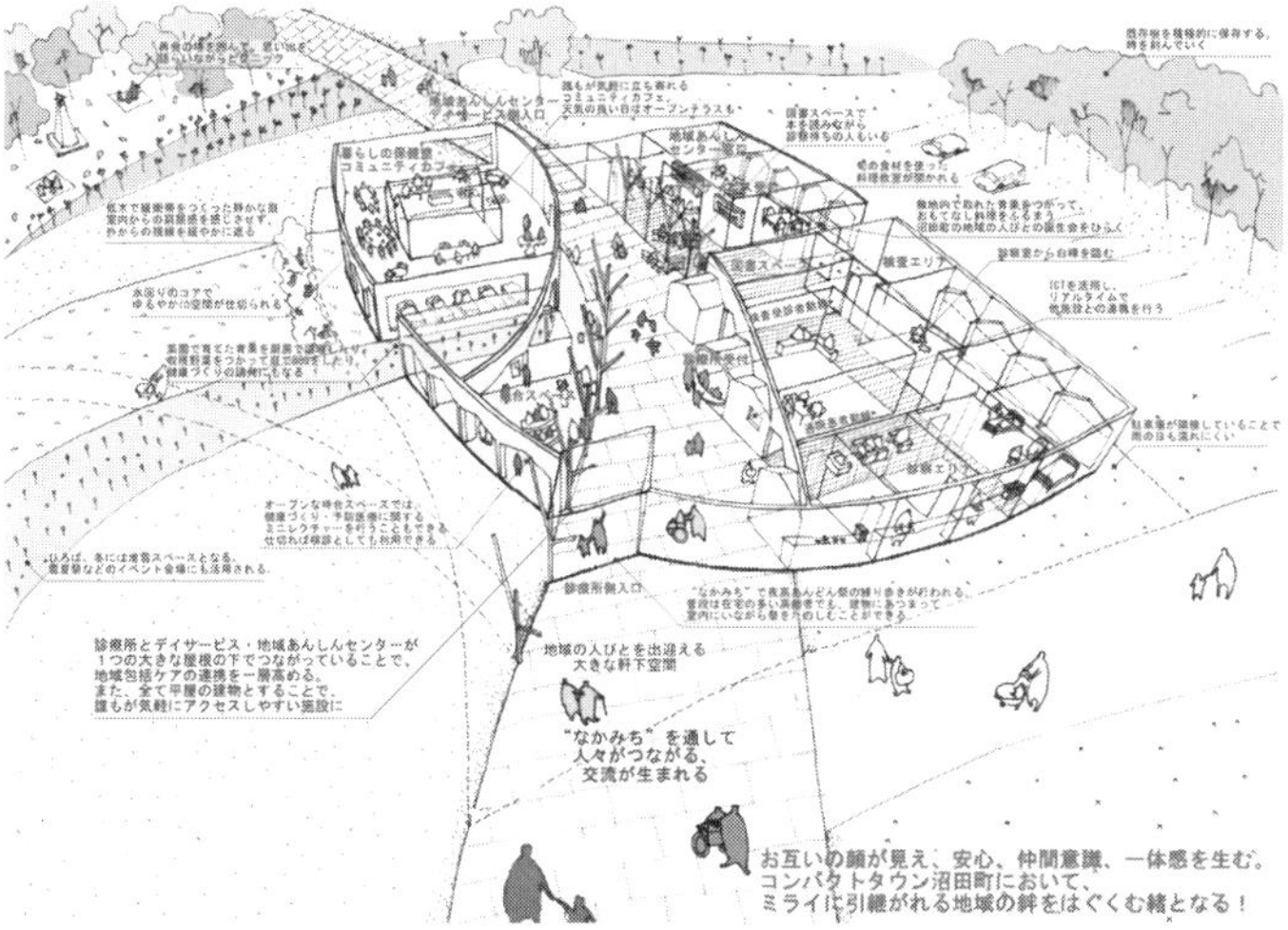

クリニック、デイサービス、あんしんセンターを「なかみち」が通り抜ける。

そこで町長の立てた方針は、町域と公共施設のコンパクト化だった。沼田駅を中心に、ほぼ半径６００メートルの範囲内に主要な施設を集約して、管理運営の効率化をめざす。小・中学校や保育所、高齢者の施設などのすべてを、いわゆる徒歩圏内に再配置することで、車に頼らなくても町内を歩いて廻ることが可能となり、併せて町民の健康増進にも役立てようとする試みだ。

今回の計画は、施設の維持管理に経費のかかっていた町内唯一の病院をコンパクトな診療所として再生することと、高齢者向けのデイサービスセンター、地域住民の健康相談に応えるための「暮らしの保健所」やコミュニティ・カフェからなる「地域あんしんセンター」、これらをより中心部に移転した中学校の跡地に集めて新築するものだ。運動場を含めた広いこの敷地の中に、将来はグループホームやサービス付き高齢者住宅、子育て支援住宅などの滞在型の福祉施設を建てる計画があり、また、雪の深い冬場にも使える屋内グラウンドや、道の駅のような施設も予定されている。

敷地は駅からちょうど６００メートルほどで、徒歩圏の外縁にあるため、日常的に町民がこの場所を訪れるためには、もうひと味何か魅力的な要素が求められていた。町が募集した設計者選定のプロポーザルに応募した私たちは、まず多くの町民がここで学んだ記憶をもっていることから、敷地全体が皆に親しまれる公園のようになって、四季折々に町の人々が集まって、この風景が老若男女を楽しませるようになるといいと考えた。

美しい花々だけでなく、菜園などもつくって季節ごとの野菜が収穫できるのも楽しい。雪に埋まる冬の間でも、大きな築山でソリ遊びができる。

雪深い土地で地域の灯りとなる。

私の研究室ではもう20年近く医療・療養空間の研究ゼミを行っている。当初から私たちが一貫して考えているのが、病院や療養施設がそこに入院・入所する人にとっては、その時そこに暮らす〝住まい〟であるということ。ただ怪我や病気を治すための施設、つまり服を洗濯するクリーニング屋や故障した車を持ち込む修理工場のようなものではないのだ。

ここに建つ新しい施設が住民にとって「大きな家」になるには、怪我や病気の人だけが来る施設ではなく、介護を要する高齢者だけが集う施設でもなく、子どもだけでもなく、女性だけでもなく、あらゆる世代のあらゆる人々が自然に過ごす場所であることが肝要だと思う。

多世代の日常的な交流のなかで心身の予防医療効果を生み出す。

そんなチームが出した答えの一つが、病院や診療所の待合室をただ診察を待つ空間と考えるのでなく、そこに行き交う人々が出会い、交流し、教え合い、支え合うような、「まちの広場」にしようという計画だった。それは冬の寒いこの北国に応用すると、屋根の架かった「まちの縁側」のようなイメージだ。

診療所、デイサービスセンター、地域あんしんセンターを貫く「なかみち」を創ろうというのが私たちの提案の骨子だ。診療所の総合待合に相当する部分は中道の入口を形成し、そのままデイサービスのロビーに繋がり、さらに暮らしの保健所やコミュニティ・カフェが顔を出す。そして再びそのまま戸外に出て、その先には将来計画されるグループホームや子育て支援住宅などが、同じように「なかみち」を介して繋がっていく。最終的には敷地の中を巡るループ状のルートが完成するという構想である。

もちろん体の弱いお年寄りを預かる環境と、風邪を引いた子どもたちがやってくる診療所が近接していることにはリスクがある。だが、大きくはない沼田町の中で、世代を超えた交流が促されるためには、あらゆる世代がすれ違い、腰を下ろす「まちの縁側」はとても重要だ。ノロやインフルエンザといった感染症対応の診察室を入口近くに設けて、患者との無用な接触を避けるなど、建築的に最大限の対策を施したうえで、多世代が日常的に交流できる場所を創り出す。

子育て支援にしても、教育にしても、高齢者福祉にしても、これまでの行政の施策はそれぞれの対象となる年齢層ごとに組み立てられ、対象者には一方的に支援を提供する形になっている。それはかつての地域コミュニティが行っていた住民同士の互助、共助の形ではなく、サービスする側とされる側が明瞭に線引きされたやや硬直した住民支援となっている。だからそれにかかる経費が膨らむばかりで、いつまでたってもなかなか充分に行き渡らないし、時としてサービス水準の切り下げを行わざるを得なくなっている。

このセンターに集まる人々は、サービスを受ける側であっても、また別の何かのためには提供する側になることができ、病気や子育てや高齢者介護の悩みは、そこに集まる人同士でアドバイスしたり、思いを共有することができるだろう。

毎日のように子どもの声の響くデイサービスセンターはもうすぐ実現する。

「なかみち」は町民の日常的な縁側空間だ。

富山県
氷見市

Case study
30
Himishi, Toyama

市民参加型
学びと創造の場
ワークショップ

コミュニティデザインの練習場となる公園。

「公園をつくる人」をつくる。
自分たちの公園の、ファンクラブを組織することで
公園は市民参加型街づくりの練習場になる。（槻橋 修）

市民にとって心の風景として残る新たな場に。

富山県氷見市の市街部中央にある朝日山公園は、富山湾に面して形成された岬状に飛び出した地形の先端の、丘陵地に位置する。歴史ある街並み越しに富山湾、さらに湾越しに立山連峰を望む景勝地である。

社会資本整備計画として進められていた崖下の住宅地を保護するための造成工事に伴って、公園エリアを拡張することになった。それにあたっては、

氷見の街の歴史を共有するためにマッピングしてみる。

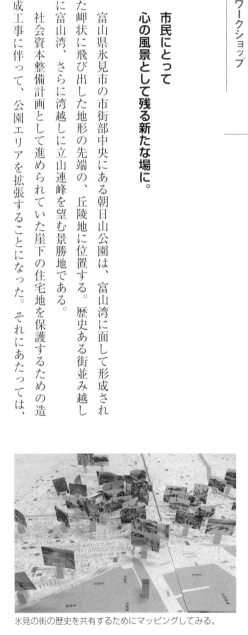

フレンズのメンバーで直径20メートルのコスモスリングを育てる。
拠点施設の敷地を体験する意味もある。

もう一度市民の声に耳を傾けながら、市民がふるさとを想う心棒のような存在である公園をつくっていこうということになった。２０１４年、氷見市では市主宰で、公園整備・運営方法を含む新朝日山公園（仮称）の全体構想を、市民との検討会を通じてまとめていく業務を対象とした公募型プロポーザルを開催した。

９月には「朝日山公園コミュニティデザイン業務」プロポーザルが出され、「使うこと、考えること、つくること」をモットーに、２０２１年の全体オープンに向けて、市民自らがその完成までのプロセスに携わるコミュニティデザインを行うことになった。

現在の朝日山公園は、桜の季節以外に訪れる人は多くはないが、市内唯一の県立高校が隣接し、景観を楽しみながらリフレッシュするには絶好のシチュエーションだ。また、今後の縮退が懸念される氷見市において、シビックプライドの醸成に寄与することが期待される場所でもある。こうしたバックグラウンドもあって、市民を巻き込みながら継続的に公園づくりを進めていくためのプログラムとして、以下の３種類のワークショップが立ち上がった。

①現地で体験的に公園を考える「ランドスケープＷＳ」
②氷見の地域史に遡って朝日山公園と氷見市を考える「地域史ＷＳ」
③人的エコシステムを構築する「コミュニティＷＳ」

これらのワークショップを効果的に使い分けながら、私たちは市民にオープンな公園づくりへの参加の機会をデザインした。公園づくりについての話し合いの場が、同時に、氷見について今一度知見を深め、考えてもらう、市民の学びと創造の場になることで、都市公園のストック効果の増大を狙ったのである。

コミュニティで決めることの成功体験を積み重ねる演出も重要。

公園設計のプロセスは、現地調査、ヒアリング、ゾーニング、年間のスケジュールをシミュレートしてどのように公園を使うかをプロットし、参加した市民と一緒に考えながらつくるものであった。住宅の設計でもクライアントが設計プロセスにコミットすればするほど、出来上がった後のクライアントの満足度は高い。公園や街づくりにおいても、使う市民らが自分たちでつくったのだと思えること、その体験が重要である。

私たちはこの集まりを、NYのハイラインパークが生まれるきっかけとなり、現在も公園の運営者として活動し続ける「フレンズ・オブ・ハイライン」にあやかって、「フレンズ・オブ・朝日山」と名付け、市民ワークショップを行うプラットフォームとして位置付けた。

市の真ん中の丘陵にこんなに景色の美しい、手付かずの公園予定地があるという事実を共有し、コミッティ（委員会）ではなくコミュニティで物ごとを決めていく。すなわち「つくる人」をつくるデザインを心がけた。

公園は公的な土地でもあるので、市民にとって、住む場所などの既存のコミュニティに関係なく公園づくりのコミュニティに参加することができる、いわば「市民参加型の街づくりの練習場」にもなり得る場所である。そのためにWSでは、しばしば共同作業に取り組み「小さな成功体験」を積み重ねていく演出も重要だ。

公園は、市民が単に受益者として利用するだけではなく、自らの表現の場、自己実現の場として参画できる「つくる仕組み」を機能させていくことで、社会全体に創造的な市民参画の文化を育てていけるのではないかと考えている。

＊この事業は平成28年度に国交省が報告した「都市公園のストック効果向上に向けた手引き」の、工夫のある取組事例において「市民が作り続ける公園」として紹介された。

（仮称）新朝日山公園コミュニティデザイン受託者（平成26～28年）
槻橋修（神戸大学院工学研究科 准教授）＋福岡考則（神戸大学院工学研究科 特命准教授）＋松田法子（京都府立大学大学院環境科学研究科 准教授）＋ティーハウス建築設計事務所＋Fd Landscape＋神戸大学槻橋研究室／京都府立大学松田研究室

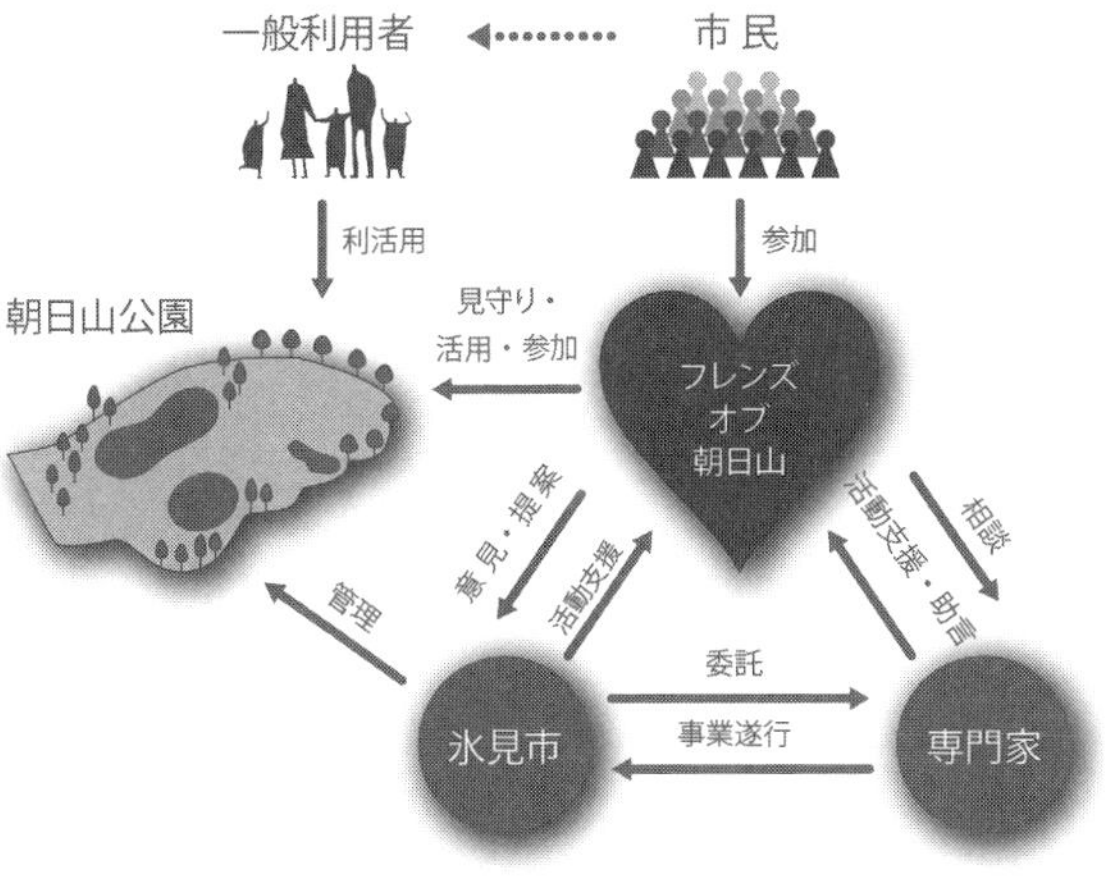

市民参加型のプログラムにより、公園が徐々に明確なカタチを描き、現実のものとなっていく。

（写真上）隣の県立高校で朝日山公園の将来と自分の将来を重ねて考える。コミュニティ WS のひとコマ。
（下）拠点施設内観イメージ。完成すれば、現地 WS の開催が容易になり、議論の幅も広がるだろう。

オール
ラウンド
Case study
31
all-round

共有資源
記憶に残る風景
コモンズルーフ

「みんなの屋根」で共同の風景を創造する。

人間は昔から自分たちの風景をつくってきた。屋根は風景のなかのキャッチコピーのようなもの。みんなで発明できれば新しい郷土愛の種となる。（槻橋　修）

地域の共有資源としての屋根。その可能性を考えてみる。

かつて日本には井戸端会議など、自然発生的に生まれたコミュニティが豊かに存在していた。行政や民間の組織が管理や運営をするのではなく、そこを使う人々がその場所を使える状態に維持管理していくことで、そこは生きたものになる。便益を受ける人が費用を分担し責任を負う、とてもシンプルな構造だった。

100近い民族からなるカメルーンでは、それぞれが特徴的な屋根の住居に暮らす。写真は、マンダラ山地ルムスキーにて。

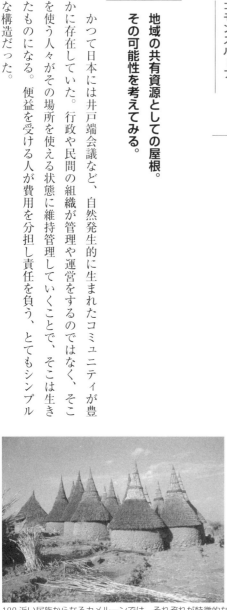

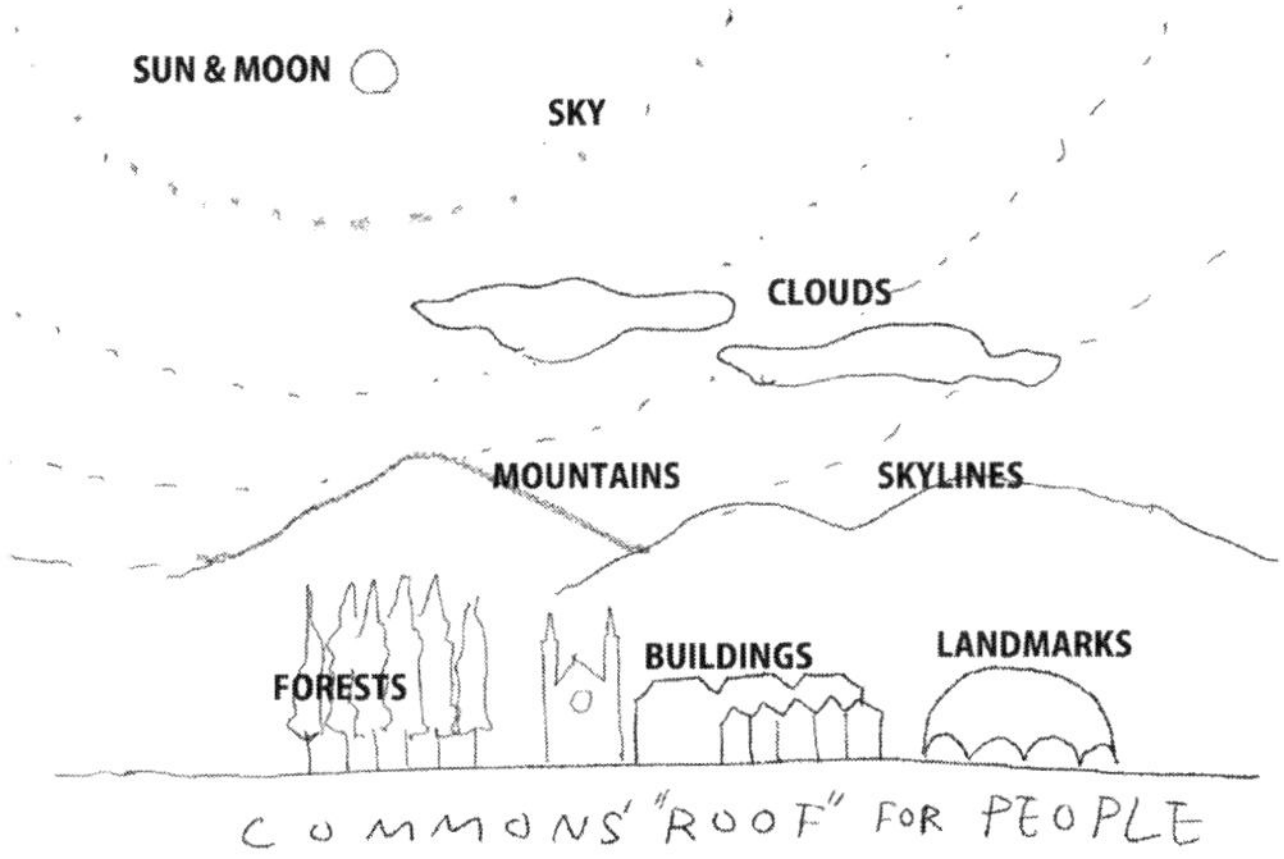

家々の屋根がつくりなす風景は、
人々のコミュニティの記憶となる。

近年、イギリスやアメリカで地域を活気ある状態にする方法としてＢＩＤ（Building Improvement District ＝ビジネス改善地区）制度が注目されているが、原則として、受益者負担というシンプルな原理に基づいた特区制度で、ニューヨークのタイムズスクエアで実施されている事例などが成功例としてよく知られている。日本では税制を含めた法整備がいまだ追いついていないが、２０１４年に日本初のＢＩＤ制度として大阪版ＢＩＤ条例（大阪エリアマネジメント活動促進条例）が擬似的なＢＩＤ制度として成立し、今後わが国でもローカルコモンズ（地域共有資源）を活かした地域づくりをしていくうえでも普及が期待されている。

ローカルコモンズに取り組もうとすると避けて通れないのが、区域の定義である。ＢＩＤ制度などでは厳格に区域指定が定められるのだが、私有財産と比べてローカルコモンズ（共有資源）においては、この適用範囲の指定が一番難しい部分でもある。空間的に言えば、土地の上の線引きの問題である。

私がコモンズルーフという概念を実験的に考えてみたいと感じたのは、土地の上の線引き以外に空間の公共性を考える方法に興味が湧いたからだ。土地は建築的に言えばフロア（床）である。やはり建築においてもフロアは線引きの対象であって、間取りの作業は空間を切り分ける排他的な作業なのである。

建築でいうとウォール（壁）も空間をあちらとこちらに切り分ける。けれどもルーフ（屋根）は少し趣が違う。ルーフは土地の上の領域を覆う存在ではあるが、例えば日本家屋の縁側のように、屋根の下でありながら屋外の空間があったり、四阿のような開放的な空間があったり、コモンズに近い曖昧さをもっている。また、床に線を引いたり、壁を立てたりすることは容易だけれど、屋根を架けるのは一人では不可能で、簡単ではない。屋根を架ける行為自体がそのプロセスのなかに社会性、共同性を内包している。それもまたルーフの曖昧さであり面白さであると思う。

ルーフを拡張して考えると、例えば盆踊りの櫓《やぐら》や祭りの提灯、アドバルーンなど、塔状のものや空に浮かぶものによって、人々は共有意識を感じることができる。排他的な共同性ではなく、包括的な共同性がルーフのもつ特徴であり、ルーフの下で、あるいはルーフ（拡張すると雲や山々や家並みを含む風景）を眺めて、人々はコミュニティを記憶するのではないかと思う。日本の作庭法にある借景のように、風景は誰もが共有できるオープンソースなのだ。誰もがアクセスできる風景でありながら、そのクリエイションのプロセスも含めてコモンズ（共有物）として、「思い入れ」をもった人々を生み出すような公共空間をルーフを用いてつくってみたいと考えている。

広場や公園などの景観要素として期待されるコモンズルーフ。

今、コモンズルーフの試験的プロジェクトとして、新しい膜構造の建築「トポロジカル・メンブレン」の開発に挑戦している。それは継ぎ目なく丸編みしたチューブ状の張力膜が連結された構造で、ゲートや日除けの屋根、広場や公園などの景観要素として活用できる可能性を秘めている。膜構造の建築はまだ専門的なレベルでの開発段階だが、これがどこかの地域で実装される時には、新しい構造体が生む風景の創出を地域の人々と共有できるようなプロセスで進めていきたいと考えている。

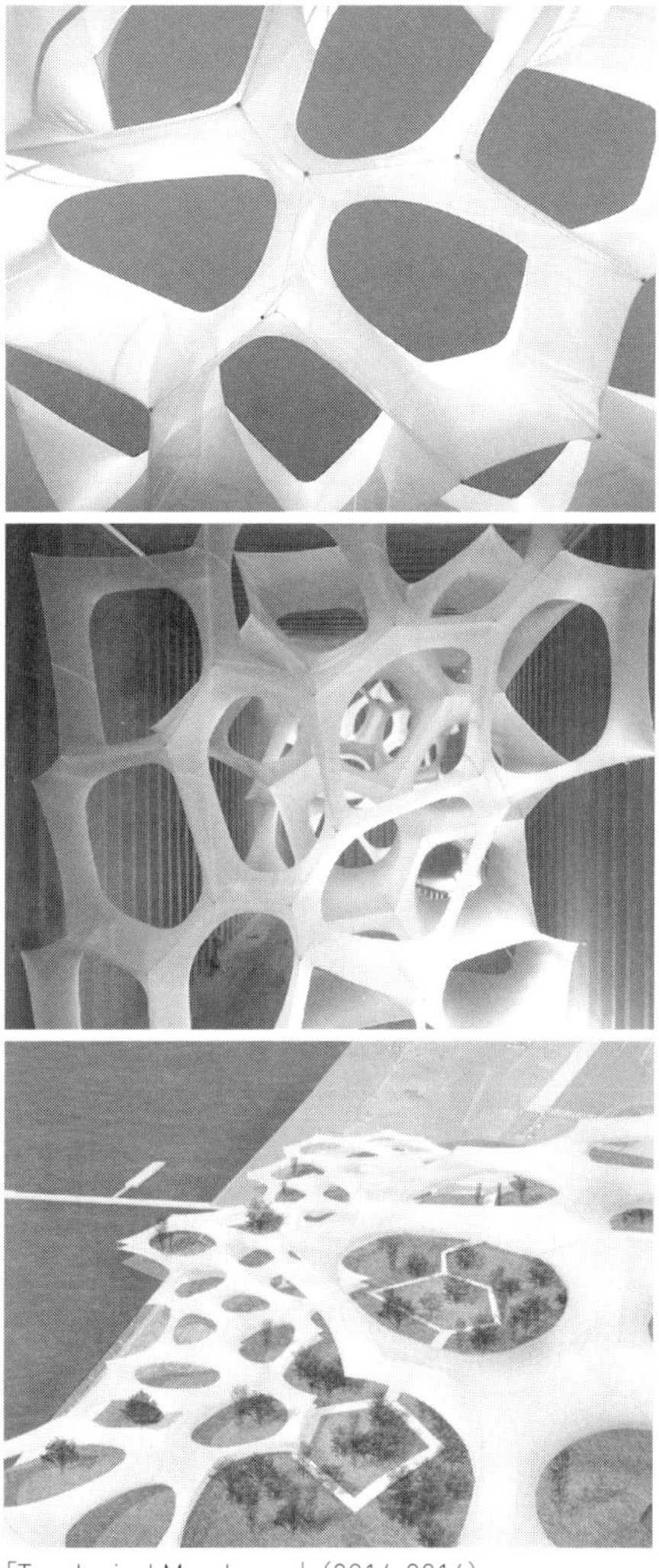

「Topological Membrane」(2014-2016)

多孔質の伸縮膜が雲のような存在として人々を覆う。写真中央は、重なり合う薄膜の構造体。下 は、Topological Membrane発展形のイメージ。

＊左の写真は、チューブ状の伸縮膜をつなぎ合わせることで生まれるトポロジー構造体。膜構造では多くの場合、平面の膜材を組み合わせて立体構造を構成するが、本作品はチューブ状に編んだ伸縮膜自体が張力を分担することで、細胞のように有機的にどこまでも連続していくことが可能な構造となっている。外周の圧縮リングと独立したアルミロッドの圧縮材によって現れる美しいトポロジー形態が特長。また、チューブ状の伸縮膜から生み出される新しい張力構造として、２０１５年度能村膜構造技術振興財団の助成を受けて開発している「コモンズルーフ・プロジェクト」の最初のモデルでもある。

制作／槻橋修＋神戸大学槻橋研究室　楠目晃大（当時）

協力／安東陽子デザイン、萬田隆構造設計事務所、岡安泉照明設計事務所

TSP太陽 池澤氏に聞く◉

未来の街づくりの契機をつくる。

街づくりを一過性のイベントに終わらせないコツは何か。道の駅などの地域活性を手がけながら、都市に驚きの空間をプロデュースするTSP太陽の池澤氏に、創造のノウハウとリパブリック・イニシアティブへの期待を聞く。

継続する街づくりの契機となるイベントへ

牧村 リパブリック・イニシアティブの設立にあたって、私が「協力をお願いしたい」と相談したのが3年前。以降、我々の設立フォーラムをはじめメンバー会議などの活動をサポートしていただきましたが、御社はさまざまな街づくりやイベントを多く手がけられ、常に新しい可能性を追求しておられますね。

池澤 もともとはグループ会社の太陽工業が膜面構造物・大型テントを製造するメーカーで、TSP

太陽はこのテント空間を利用したイベント制作からスタートし、総合的なイベント文化の創出＝Total・Space・Productionに軸足を置いた事業を展開しています。会社の経営方針に「感動空間創造企業」という言葉があるのですが、イベントを通して感動、楽しさ、喜び、驚きを伝え、社会に元気と活力を生み出すことを使命として活動しています。

牧村　「感動」や「創造」という言葉には、事業を超えて社会や地域を元気づけていきたいというスタンスが込められているように感じますね。

池澤　きっかけは1980年代の地方博ブームでした。ネームバリューのない地域で博覧会を開催するなかで、人が集まって場のポテンシャルが高まり、地域が元気になっていく瞬間にいくつも立ち会うことができ、イベントの役割を再認識しました。

池澤嘉悟（いけざわ・よしのり）TSP太陽株式会社 取締役、営業統括本部長。一級建築士。世界リゾート博や淡路花博、浜名湖花博、愛知万博等の国際博の会場計画や運営・輸送業務などのプロジェクトに参加。東日本大震災に際しては、自社グループでテント2000㎡を提供し、生活支援の陣頭指揮をとった。

牧村　今は地方創生の時代と言われています。80年代の地域活性と現代の地方創生を比べると、言葉のニュアンスは近いけれど、その手法にはかなりギャップがありますよね。

池澤　ひと言で言えば「モノ」から「コト」にシフトしています。当時はモノ＝施設をつくって人を集めるという手法が多かったですが、いまは地方だからできる体験、観られる景色、楽しめる料理といった「コト」にクローズアップした手法のあり方が問われている気がします。

牧村　グーグルマップで世界中の都市や景観を見ることもできる一方で、人はナマの体験やその土地での空気感や肌感を欲しています。地域の資源を別の視点から掘り起こし、物語を紡いでいくような空間のあり方が求められていると感じられませんか。

池澤　そうですね。だからこそ、現地でしか体験できない迫力、匂いや土地感といったものを訴求していきたいですね。例えば青森の田んぼアート。あれは東京では絶対につくりだせない景色です。

牧村真史（まきむら・まさふみ）
リパブリック・イニシアティブ事務局長。株式会社集客創造研究所 所長。上海万博 日本館のプロデューサーを務めるなど、博覧会や大型イベント、施設運営、地域活性化プロジェクトなどの企画・運営に携わる。詳細は、181頁参照。

牧村　何種類もの稲で巨大なアートを描いてとても話題になりましたね。

池澤　新たな使い方や楽しみ方を提供すれば空間が生き返ることもある。これも一つのリパブリックではないでしょうか。地域の人たちと協力し、皆で街の魅力を再発見していく。イベントはその起爆剤であり発火点だと思っています。開催は一時的なものですが、街づくりはずっと長く続くもの。われわれが仕掛けていくイベントが発火点になり、その先につなげていくことが役割だと考えています。

牧村　イベントは次の街づくりへの投資であり、地域の発信力やブランド力を上げ、地域のファンを生み出すことを本来はめざしています。だからこそ、行政や市民が未来の街の設計図をしっかりと共有していく必要があるんですよね。

池澤　「次はこんなことができる」と、地域の人々のなかに残っていく経験や共通理念が何よりも大事だと思います。

感動空間が広がる仮設ならではのイベント

牧村　都市の未利用地を活用した事業では、御社はいつも思いがけないイベントを仕掛けられていますね。

池澤　私たちの事業には二つの方向性があります。一つは、先ほどお話したような地域の産業育成や活性化の仕掛けで、滋賀県甲良の道の駅や東日本大震災後に始めた東松島の地域活性化施設の運営などをしています。二つ目は、都市部の未利用地の活用。3～5年といった期限付きで空き地に仮設空間をつくりイベント展開することで、収益を生み出しながら土地の有効利用を図っていく。この二方向を探りながら、都市に対する貢献をしていきたいと考えています。

牧村　日本橋では、アート作家と組んで都会のど真ん中にプラネタリウムを出現させましたね。

池澤　ビルの建て替えに伴い人通りが減る空間に賑わいを創出したい、という要望があってはじまったプロジェクトです。都会の真ん中で星空が見られたらワクワクするんじゃないかという発想で提案させていただきました。

牧村　私もかつて新宿の住友ビルにスケートリンクをつくったり、広場に実際に砂を持ち込んで潮干狩りの体験イベントをしたことがありますが、一瞬にしてワクワクするような空間に変わるじゃないですか。都市の真ん中で都市に普段ないものを体験する。それもできれば本物を持ってくる。あるいは本物よりクオリティの高いものを持ってきて生み出す体験の空間は、つくる人も来る人にも喜びがありますね。

池澤　「街にサーカスがやってきた」のように、子ども心にサーカスを見た驚きや感動がよみがえりますよね。私たちも全国に四季劇場をつくり、仮設空間で素晴らしいミュージカルを上演するイベントを仕掛けてきました。

牧村　本格的なミュージカルを仮設空間で公演するなんて、当時は考えられなかったですよね。驚きました。

池澤　仮設のイベントだからできることはたくさんあります。ある日突然、空間ができて楽しいことが起こる。端的に言うと、これが我々のイベントの原点だと思っています。

公共空間の活用は街にダイナミズムを生む

牧村　公共空間や未利用地でイベントを行うには、複雑な行政手続きが必要になりますが、果たして日本は公共空間を使いやすい国ですか？

池澤　例えばパリのシャンゼリゼでは、クリスマス期間限定で遊園地がオープンしますが、あれは日本ではできません。

牧村　ヨーロッパに比べて日本は規制が多いと言われますが、今後、国際社会のなかの観光都市、ハブ都市として活躍していくためには、公共空間の利用をもっと円滑化できる仕組みを整備する必要があるのではないでしょうか。

池澤　規制緩和が進めば、もっと豊かな展開ができるのではないかと思います。日本の建築基準は非常に

厳しくて、だからこそ安全な都市ができているのですが、我々が取り組んでいる仮設の建築というのは、新たな技術にチャレンジする機会でもあるのです。1970年の万博のアメリカ館のエアードームの技術は、東京ドームを生みました。空間づくりの新たな技術を試すことは、法との戦いでもありますね。

牧村　近年、役所の庁舎、駅、図書館などの公共施設が変化してきていますね。新潟の長岡市役所では、従来の市役所と多目的ホールの仕切りを取り払い、共通の土間でつなぐという面白い試みをしています。今後の公共空間のあり方、使い方についてはどうお考えですか。

池澤　公共空間は都市の好立地にあるので人が集まりやすい。その長所を活かしながら敷居を低くして、いろんな場所でいろんなことが起きていけばいいですね。それが街のダイナミズムになるのではないか、そんな気がします。

牧村　空間を開放することで街の賑わいが増せば、近接の商店などのメリットにもなるはずです。

池澤　最近、自転車ブームにのって、各地でサイクルレースやイベントが催されています。日本はヨーロッパに比べて「見るスポーツ」が遅れていますが、イベントを通じて身近なものにしていくことができれば、もっと楽しい街ができるんじゃないでしょうか。

牧村　その意味では、2020年の東京五輪はいい機会だと思います。リオ五輪ではパラリンピックのアスリートたちへの注目が高まりましたが、東京でも障がい者スポーツの選手たちの活動の場が街に広がっていけば、バリアフリーやユニバーサルデザインが改めて見直されていくようになる。世界全体が高齢化社会に向かうなかで、ひょっとすると新しい都市モデルを提案できるんじゃないかと思うのです。

池澤　五輪を契機に、さらにユニバーサルデザイン化が進むのが街の理想の形だと思います。

牧村　街はいろんな人が集まるから街であって、それが賑わいを生み出していく。思いやる気持ちを大切にして、日本人の「おもてなし」であらゆる人を受け入れて、街がユニバーサル化していけばいいですね。街が、もっと多様な人の活動の拠点になっていってほしいものです。

地域と人材の化学変化を今後も楽しみにしたい

牧村　サポート・パートナーとして、私たちの活動をここまで支えていただきました。最初に私が相談を持ち込んだときには、どう受け止められましたか。

池澤　ちょうど震災後の東松島での地域活性化施設などに関わりながら、地域の疲弊化を目の当たりにしていた時期でもありました。東京は元気になっていくけれど地方はそうではない、という現状に対して、我々なりに何かできないかと考えていたところでした。そこで多分野のメンバーの知恵をお借りして、我々のノウハウと経験にうまく組み合わせれば化学変化が起き、それが地方を元気にしていく新しい動きになるかもしれない。そうした期待感をもって、参加させてもらおうと決めました。

牧村　リパブリック・イニシアティブは、同じ視点で活動されている方に参加していただき設立しましたが、どんな化学変化が起きるのか私自身も楽しみでした。なんだか不思議なメンバーですよね（笑）。

池澤　偏らず、いろいろな方がいらっしゃるのが魅力だと思います。メンバー同士の化学反応もあるし、我々との接点での変化もある。その意味でも刺激的なメンバー構成ですね。

牧村　今までもさまざまな地域の現場でご一緒していただきましたが、御社のノウハウを活かしてさらなる実践の場をつくり出していきたいと思っています。今後ともよろしくお願いします。

池澤　この本をきっかけに、新しい地域との協働が生まれ、新たなアーティストやクリエイターも含めてさらに広がりをもった化学変化が起きれば、と期待しています。

編者

リパブリック・イニシアティブとは

Re-public
Initiative

より良い社会システムと公共空間を実現するために。

公共空間とは

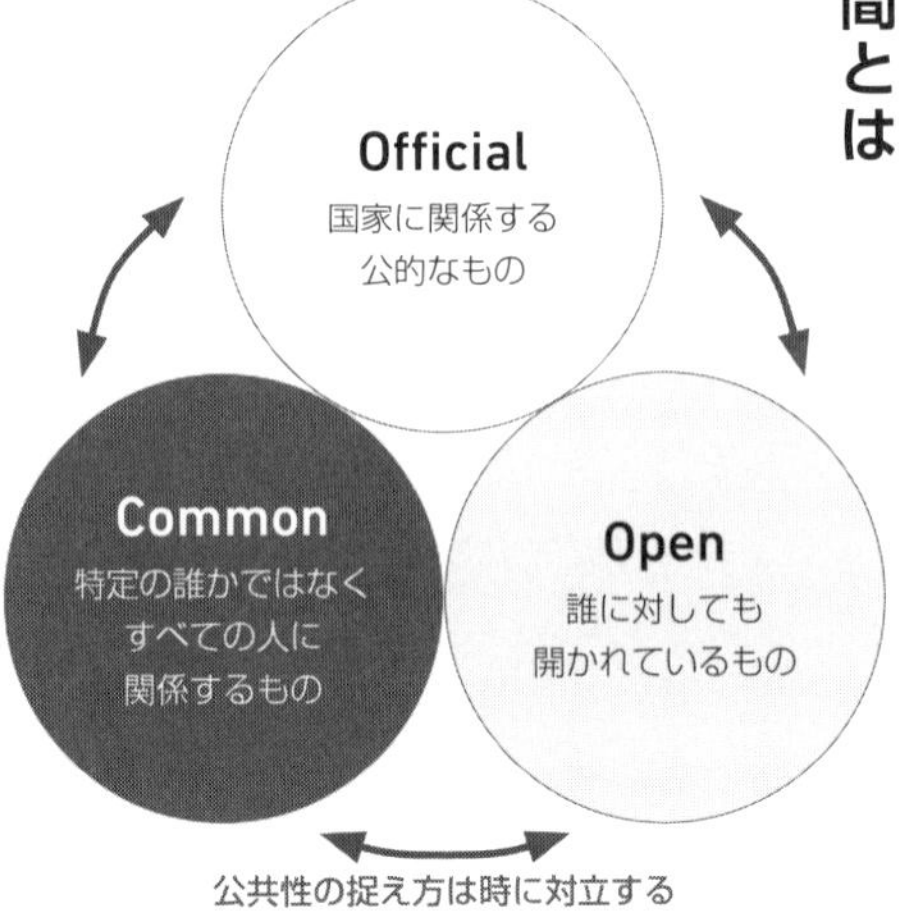

※図版：斉藤純一『公共性』（岩波新書）より抜粋

公共性とは、見る者の立場や視点によって意味が変化します。リパブリック・イニシアティブでは、こうした多面性を踏まえながらも、公共空間はすべての人々の共有物であるとする「コモン」の概念をもっとも重要な価値感として考えます。

対象とする領域

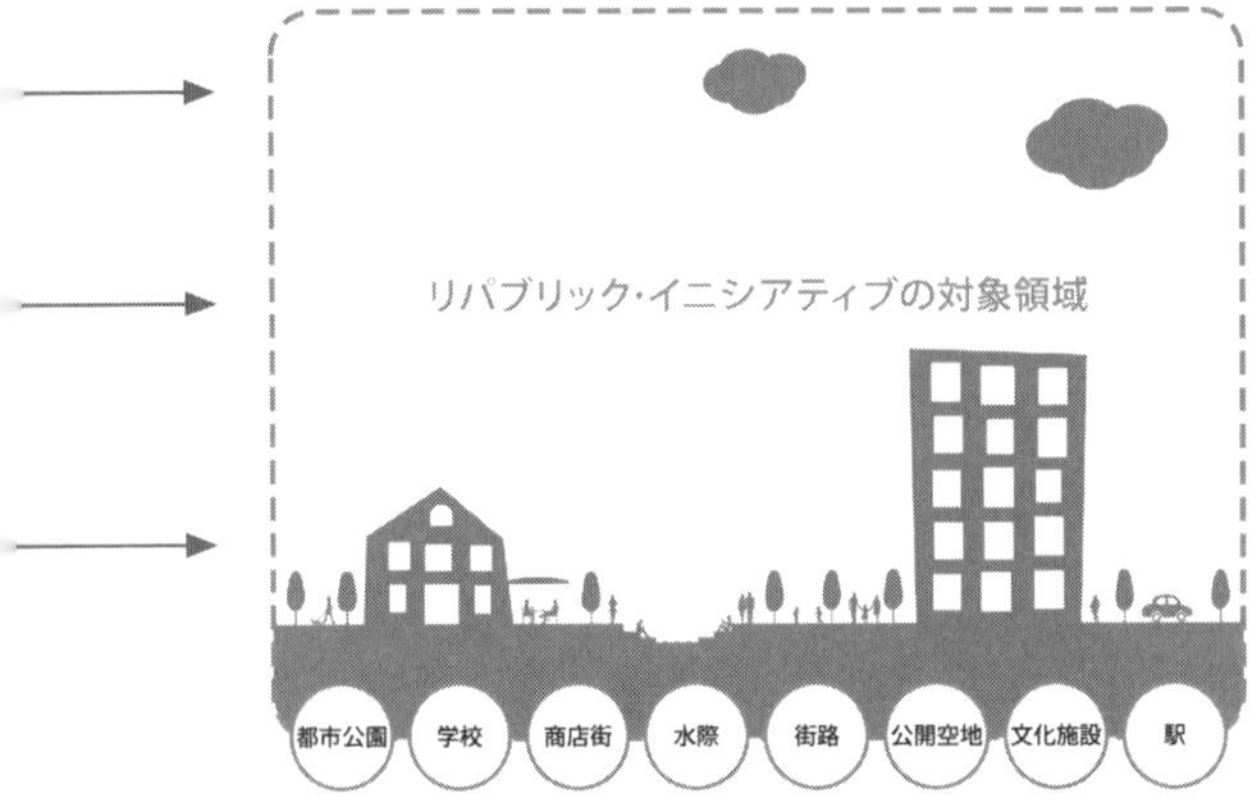

活動方針

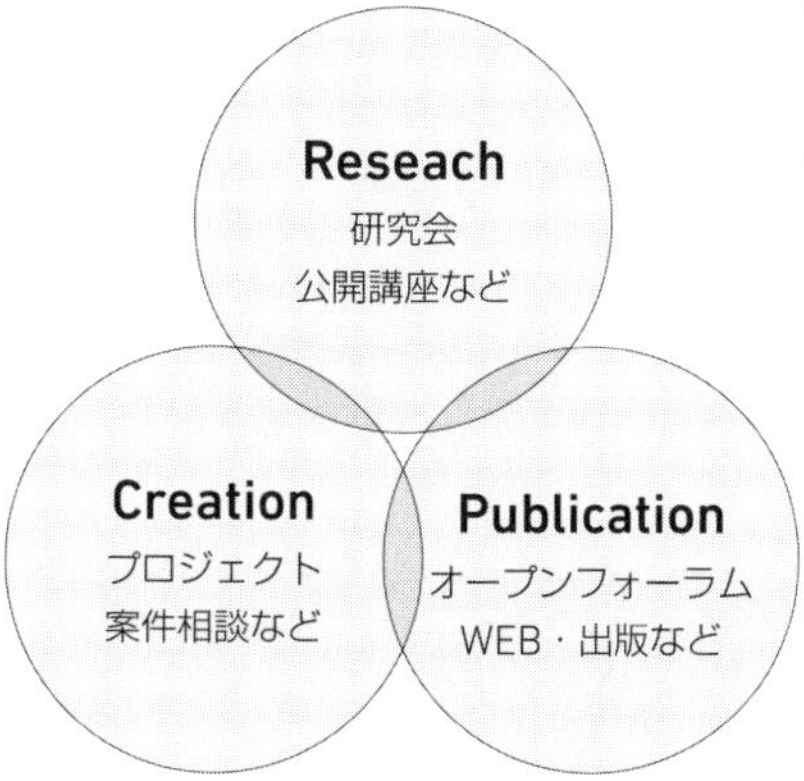

1……公共空間を多様な視点から捉え、柔軟な発想と現実性を兼ね備えた提言を行います。

2……具体的なプロジェクトの実施や参画を通して、理念をかたちあるものにします。

3……行政や企業、大学、ＮＰＯなどと連携し、地域再生やビジネス開発、市民活動への支援に参画します。

4……理念や成果の社会への普及および次世代への継承のために、情報発信と人材育成に努めます。

地上 150 メートル：都市計画の視点
防災、インフラ、環境などの観点から公共空間を考えます。

地上 15 メートル：地域の視点
人の流れ、経済効果、コミュニティ活性化などの観点から公共空間を考えます。

地上 1.5 メートル：ユーザーの視点
快適性、利便性、楽しさなどの観点から公共空間を考えます。

リパブリック・イニシアティブでは、場所を横軸に、視点を縦軸に、公共空間を立体的に捉えることで、大胆な発想をしながらも、現実性に富んだ提言を行います。

参加のご案内

リパブリック・イニシアティブは、誰もが参加できるオープンな活動体です。

[個人の参加] リパブリック・サポーター（無料）
本活動の主旨に賛同される方は、どなたでも参加いただけます。リパブリック・サポーターに登録すると、リパブリック・イニシアティブが行うオープンフォーラムやSNSなどに参加できます。

[組織・団体の参加] プロジェクト・パートナー
（委託・寄付・助成・協賛）
行政、企業、NPOなどの、リパブリック・イニシアティブの各種活動への参加を歓迎します。寄付や協賛、プロジェクトの委託、助成等、参加の形態については柔軟に対応します。また、プロジェクト外案件の相談も歓迎します。

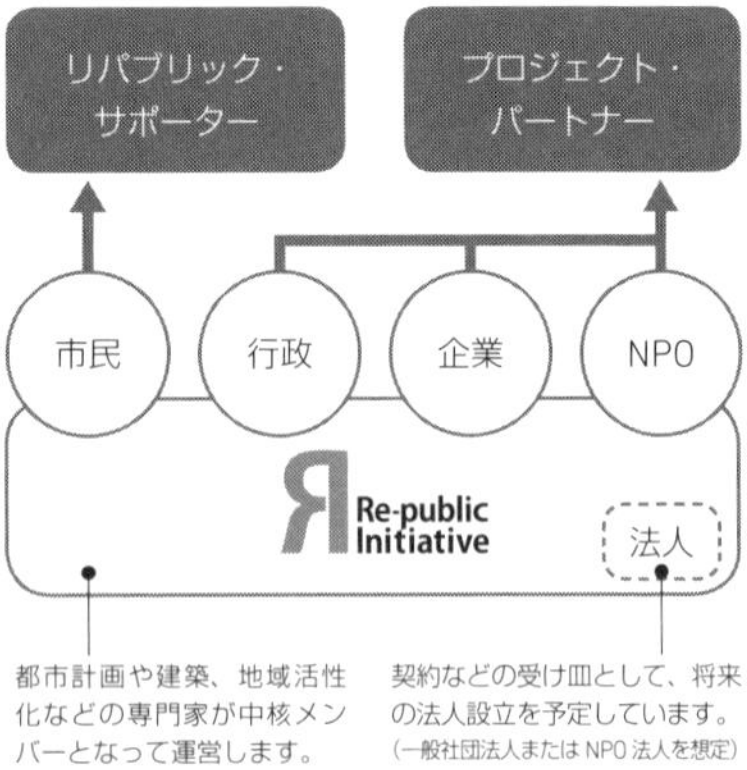

お問い合わせは………………
リパブリック・イニシアティブ
東京都目黒区東山1-17-16　TSP太陽株式会社 内　〒153-0043
電話・FAX　03-3719-3141 ／ 03-3791-8915
URL・MAIL　http://www.re-public-initiative.jp ／ info@re-public-initiative.jp

設立メンバー（執筆者）紹介

本書の執筆者でもあるリパブリック・イニシアティブのメンバーを紹介します。

古谷誠章
［座長］

建築家。早稲田大学創造理工学部教授、NASCA代表。日本建築学会副会長。「茅野市民館」日本藝術院賞、建築学会賞、建築家協会賞、グッドデザイン賞、BCS賞、公共建築賞など、受賞歴多数。「喜多方市庁舎」などのプロポーザル当選も多数。http://www.studio-nasca.com/

リパブリック・イニシアティブで、私がまず実践したいのは「ハイパースクール」。「学校を超えた学校」をつくる計画です。地域再生の課題によく上るのが、小学校の廃校利用です。ある地域から小学校がなくなると、集落の活力が急に落ちてしまいます。小学校は地域のコミュニティの核。学校行事は共同体のイベントであり、あらゆる世代の交流の場として受け継がれてきました。その役割を現代につなぐ新たな公共空間になれば、「学校」と呼んでもいいでしょう。それが、私がめざすハイパースクールです。少子化で小学校が閉鎖された各地に、地域色のある「スクール」を開校したいものです。

牧村真史
［事務局長］

イベントプロデューサー。株式会社集客創造研究所所長。博覧会や大型イベント、地域活性化プロジェクトなどの事業企画・プロデュース業務。愛知万博、上海万博日本政府館など多数の博覧会やイベントに携わっている。
http://md-ins.wixsite.com/md-ins

今、都市が面白くないと感じています。駅前の風景を見ると大型チェーン店ばかりが並ぶ画一的な街づくりばかり。今こそ都市ごとの歴史や風土に根付いた個性を掘り起こしながら、「市民が街を取り戻す」ような街づくりが求められているのではないでしょうか。人口減少や少子高齢化が厳しさを増す地方も、社会システムの思いきったリ・デザインが必要です。リパブリック・イニシアティブは、今後、多様な社会実験をしたいと考えています。地方自治体や企業と連携し、地元住民の理解を得たうえで、公共空間で実験の現場をもちたい。そのためには多様な視点が要るため、幅広い分野の専門家メンバーを増やしたいと思っています。

赤池 学

プロジェクトデザイナー。株式会社ユニバーサルデザイン総合研究所所長。社会システムデザインを行うシンクタンクを経営。環境・福祉対応の商品・施設・地域開発を手がけ、環境共創イニシアチブ、CSV開発機構の代表も務める。グッドデザイン賞金賞、JAPAN SHOP SYSTEM AWARD最優秀賞など受賞歴多数。
http://www.udinet.com/

私がリパブリック・イニシアティブで実現したいことは、まさに「街直し」。公園や遊休地をもっと活用し、人々に愛される魅力的な街をつくること。例えば街や施設づくりに国産材を活用すれば、日本の中山間地域が救われ、いろいろな面にメリットが生まれます。今、もっとも実現させたいのは「エコシップ」です。都市部の河川港を整備して、環境に配慮した電動船を走らせたい。そうすることで、人々の意識が河川に向き、河川の環境を守ることができます。CSVを実行する企業と行政をつなげることが我々の役割だと感じています。

石川 勝

プランナー。株式会社シンク・コミュニケーションズ代表取締役。経産省デジタルコンテンツEXPOなどのプロデューサーを務め、経産省技術戦略マップ（コンテンツ分野）などの各種委員を歴任。
http://www.thinkcom.co.jp/

公共空間をより良い姿に変えていくには大勢のクリエイターが参加できる仕組みが求められます。例えば公園づくりでは、敷地やインフラの計画を行政や大企業が、ベンチや街灯といった設備のデザインは市民、ベンチャー企業、クリエイターが連携し役割分担してみるのはどうでしょう。担い手の柔軟な連携により公園の価値が高まれば、利用者が増え、近隣住民との交流が深まり、また普段から利用することで災害時の避難施設としても機能しやすくなります。リパブリック・イニシアティブの活動を通じて、こうした取り組みを自治体や企業とともに行い、社会の価値観を少しでも変えていけることを願っています。

鴨志田由貴

ビジネスプロデューサー。作戦本部株式会社代表取締役。新事業・新商品・新店舗開発など「0」から「1」を生み出すことを得意とする。経産省クールジャパンの芽プロデューサー、六次産業化中央サポートセンタープランナーなどを務めるかたわら、阿佐ヶ谷アニメストリートをプロデュース・運営。2k540内cafe ASANをプロデュースしている。
http://sakusenhonbu.com

私がリパブリック・イニシアティブを通して実現したいことは、子どもたちのための自治地区を創ることです。今の日本は、子どもに優しくない都市計画であるとしか言いようがありません。信号の位置、標識や看板、鉄製の階段……。もっと子どもたちに合ったサイズの病院や役所があってもいいし、公園のあり方も見直すべきでしょう。20～30歳代の女性が「ここで子どもを生み育てたい」と思うような地区が、もっと都市の中で生まれるべきだと思います。そこで、個性的な「色のあるスクール」を開校したいものです。

下川一哉

デザインプロデューサー&エディター。株式会社意と匠研究所代表。日経デザイン・前編集長。日経マグロウヒル（現・日経BP社）入社後、日経イベント、日経ストアデザインを経て日経デザイン編集長を務める。日経BP社を退社後、意と匠研究所を設立。
http://itoshow.co.jp/

公共空間の管理や運用を、公私や官民にはっきりと分ける従来のやり方では限界にきている。もっとボーダレスなやり方こそ新しい価値を生む。こうした基本姿勢が、当時私が関わっていた「スマートデザイン」運動に似ていると思ったのが参加を決めた理由です。これまで私たちは生活に関わるモノを、いつも使うモノと、もしもの時に使うモノに分けていました。しかしそれでは〝もしも〟の災害に対応できません。スマートデザインは「いつもともしもをつなぐデザイン」を提唱します。この定義を本活動に融合しながら、公共空間のあり方を変えるアイディアを提案したいと思っています。

高宮知数

マーケティングプロデューサー。総務省地方創生・地域の元気創造プラットフォーム登録アドバイザー。株式会社ファイブ・ミニッツ代表取締役。立教大学社会デザイン研究所研究員。立教大学大学院兼任講師。久留米シティプラザ館長。https://sites.google.com/site/marketingaphorism/corporate-profile

Re-publicで取り組みたいことは、広場法の実現である。図書館・博物館はもとより、公民館（１９４９年・社会教育法）、生涯学習施設（１９９０年・生涯学習振興整備法）でさえ独自法令に基づき次々と誕生するのを横目に、１９４７年来、地方自治法第２４４条の「公の施設」としてプールや体育館と同列に扱われてきた公共ホールが、「劇場・音楽堂等に関する法律」という根拠を得たのは２０１２年。実に65年を要した。今や公共ホールは文化芸術と同時に、コミュニティ再生や多文化共生の担い手として新しい可能性を追求する急先鋒に立っている。広場もまた、固有の役割と可能性をもっていると思う。public of the squares' unite!

槻橋 修

建築家。神戸大学工学部建築学科准教授。東京大学生産技術研究所勤務を経て、ティーハウス建築設計事務所設立。日本建築学会賞（教育）共同受賞。東日本大震災復興支援「失われた街」模型復元プロジェクトが第40回放送文化基金賞を受賞（ＮＨＫ盛岡放送局と共同受賞）。
http://www.teehouse.com

屋根をテーマに「コモンズルーフ」の概念と新しい膜屋根に挑戦していますが、ベースになっている「コモンズ」という言葉は、「みんなのもの」である公共空間を「一人ひとりのもの」として生き生きとさせるための魔法の言葉です。今、街にどうやって活力を与えるかという課題は世界中でシェアされており、リパブリックは、まさしく世界共通のコンセプトなのです。本書で紹介されてきた事例に共通していること、それは「どうやって場所をつくるか」ということです。今、それをプレイス・メイキング（place making）と呼んで「世界で一番住みやすい都市」を実現したメルボルンにその奥義を学んでいるところです。

馬場正尊

建築家。東北芸術工科大学教授。早稲田大学大学院建築学科修了後、博報堂、雑誌『A』の編集長を経て、Open A Ltd. を設立。「東京R不動産」を始める。建築の近作には「観月橋団地」「佐賀県柳町歴史地区再生」など。近著は、『PUBLIC DESIGN 新しい公共空間のつくりかた』『エリアリノベーション 変化の構造とローカライズ』。
http://www.open-a.co.jp/

古い建物の再生を目的に、不動産仲介サイト「東京R不動産」を立ち上げて14年。社会全体で古い建物を見直すムーブメントが広がり、ついに「公共R不動産」を開設するまでになりました。公共R不動産は、地方自治体が維持できない公共施設や学校などが対象です。公共空間は、共有地と私有地の「中間」に新しい可能性があると考えています。つまり適度な経済性をもった、民間が運営する公共空間を設計してみたい。リパブリック・イニシアティブはそれを実現するためのプラットホームであり、公共空間に関心の高い、面白いメンバーにいつも刺激を受けています。

宮本倫明

イベントプロデューサー。株式会社Landa代表取締役。日本イベント産業振興協会理事。博覧会などの大型イベント、地域経済活性化プロジェクトなどを手がけ、「海と島の博覧会ひろしま」「うつくしま未来博」などをプロデュース。「えひめ町並博２００４」で日本イベント大賞、ＰＲアワードグランプリなどを受賞。
https://twitter.com/miyamotter

ここで私が実践したいことは二つ。一つは使われていない公共空間や公共物を、地域住民が有効的に使っていくための手伝いや助言、企画をしたい。例えば、廃校になった小学校を活用して、配給会社と手を組み、映画館に変えるなど二つ以上のベネフィットを組み合わせて立体化させる仕事です。もう一つは公共空間にエンターテイメントをもち込みたい。今、人々に驚きや楽しさをもっとも与えられるのはテクノロジーとアートの融合です。パブリックスペースへのエンターテイメントの提供という視点は、都市の公共空間においてますます重要性を帯びてくるはずです。

あとがきに代えて

１８７３年（明治六年）、「太政官布達第十六号」によって我が国に初めて公園が誕生しました。この布達の中で太政官政府は、国民がまだ知らない公園のことを「万人偕楽ノ地」と解説しています。それから約１５０年。我が国には多彩な公共空間が整備され、私たちは豊かな暮らしを享受しています。

ところが最近になって、街なかの公園や地方の商店街などで、人のいない風景をたびたび目にするようになってきました。そこにあるのは、太政官政府が描いた「万人偕楽ノ地」とはかけ離れた、人の声も足音も聞こえないモノクローム写真のような空虚な空間です。なぜ、こうしたことが起きているのでしょう。その原因は、ライフスタイルの変化、少子高齢化、人口減少、都市一極集中といった解決の難しい社会課題に起因しているようです。活力を失った公共空間を、再び元の姿に蘇らせることは容易ではありません。しかし、各種規制や時代に合わなくなった長期計画、管理規則などを見直し、利用者が求める新たな価値を取り入れれば、公共空間は必ず賑わいあふれる「万人偕楽ノ地」へと生まれ変わらせることができるのです。

すでに注目すべき取り組みが行政や地域団体の手によって行われています。こうした先駆的な取り組みが社会全体へと浸透していくためには、その普及を後押しするムーブメントが必要です。公共空間のリ・デザインは次の50年、１００年に影響を及ぼす重要な事業です。行政や一部の関係団体だけに任せきりにせず、社会全体で取り組むことが重要です。２０３０年には世界人口の６割が都市に暮らし、都市集中や少子高齢化などはますます深刻さを増します。大規模地震や異常気象など自然災害の脅威にも直面するなか、公共空間をこれまでの延長線で捉えることはできません。日頃、都市計画や建築、地域活性化などに携わる大学教員やプロデューサーなど専門家の間では、こうした問題意識は早くから共有されてきました。

そうした折、２０２０年に東京オリンピックの開催が決まり、都市の再整備が大きく動きだそうとしています。今こそ、公共空間を生まれ変わらせる好機です。こうした思いから「リパブリック・イニシアティブ（Re-public Initiative）」を発足させました。

公共空間の再生は、景観や自然環境への影響を良好なものにし、市民のＱＯＬを高め、幅広い分野のビジネスチャンスを生み出します。リパブリック・イニシアティブは、公共空間に関わるさまざまな活力が結集するプラットフォームとして、経済、社会、環境のトリプル・ボトムラインを満たす、新たな時代の公共空間の創出を提案します。

街直《まちなお》し屋《や》

——まちとひとを再生させる仕事

・

・

2017年5月2日　初版

・

・

[編者]

リパブリック・イニシアティブ

・

[発行者]

株式会社 晶文社

〒101-0051　東京都千代田区神田神保町1-11

Tel：03-3518-4940（代表）・4942（編集）

URL：http://www.shobunsha.co.jp

・

[印刷・製本]

株式会社ムレコミュニケーションズ

・

ISBN978-4-7949-6961-3　Printed in Japan

・

・